W9-CSF-486

LE BEST OF
ELLE
DECO

Photo de couverture:
Guillaume DE LAUBIER

OCTOBRE 1997
DÉPÔT LÉGAL: OCTOBRE 1997
ISBN: 2-906539-09-0
COPYRIGHT - 1997 - EDI 7

JEAN DEMACHY
ET L'ÉQUIPE
DE ELLE DÉCORATION*

PRÉSENTENT

LE BEST OF
ELLE
DECO

ONT COLLABORÉ À CET OUVRAGE:

DIRECTION ARTISTIQUE
Sylvie ELOY-RIDEL
MISE EN PAGE
Marie-France FÈVRE
Anne-Marie CHÉRET
EDITING
Gérard PUSSEY
SECRÉTARIAT DE RÉDACTION
Florence BENZACAR
Sylvie BURBAN
Solange KHIRA (saisie des textes)
COORDINATION
Sylvie ARNOUX
RECHERCHE ICONOGRAPHIQUE
Louis HINI
Géraldine PLAUT
Eugénie TRÉVILLOT
FABRICATION
Pierre GAUTHÉ
TRADUCTION
Louise FINLAY
Judith NAKACHE

* "Elle Décoration"
est une publication Hachette Filipacchi Presse
éditée par EDI 7
DIRECTEUR DE LA RÉDACTION *Jean* DEMACHY
RÉDACTRICE EN CHEF *Paule* VERCHÈRE

LES PHOTOGRAPHIES **SONT PRINCIPALEMENT DE:**	**LE STYLISME ET LES REPORTAGES** **SONT PRINCIPALEMENT DE :**
Marianne HAAS	*Marie-Claire* BLANCKAERT
Guillaume DE LAUBIER	*François* BAUDOT
Jacques DIRAND	*Marie-Claude* DUMOULIN
ET ÉGALEMENT DE:	**ET ÉGALEMENT DE :**
Alexandre BAILHACHE	*France* BARETS
Roland BEAUFRE	*Barbara* BOURGOIS
Gilles BENSIMON	*Alexandra* D'ARNOUX
Guy BOUCHET	*Catherine* DE CHABANEIX
Daniel BOUDINET	*Brigitte* FORGEUR
Patrick BURBAN	*Fabienne* GENEVARD
Gilles DE CHABANEIX	*Caroline* IRVING
Editions du Chêne / *Alex* MAC LEAN	*Marie* KALT
François HALARD	*Françoise* LABRO
Philippe KESSLER	*Marie-Paule* PELLÉ
Antoine ROZÈS	*Misha de* POTESTAD
Edouard SICOT	*Catherine* SCOTTO
Agence Top / *Pascal* HINOUS	*Philippe* TRÉTIACK
Deidi VON SCHAEWEN	*Francine* VORMESE

Sommaire *Contents*

ELLE DÉCORATION FÊTE SES DIX ANS. UNE DÉCEN-NIE PENDANT LAQUELLE NOTRE MAGAZINE S'EST EMPLOYÉ À DÉVELOPPER UN TON, À ÉTABLIR UN STYLE BIEN À LUI, QUE CHACUN DÉSORMAIS PEUT RECONNAÎTRE AU PREMIER COUP D'ŒIL ET QUE TOUT LE MONDE AUJOURD'HUI APPELLE NATU-RELLEMENT LE STYLE ELLE DÉCO. CE STYLE, ÉPRIS D'ÉCLEC-TISME ET DE LIBERTÉ, NOUS AIMONS LE RÉSUMER DANS CETTE FORMULE QUI NOUS RESSEMBLE BIEN: LE DÉSIR DE FAIRE RÊVER, LA VOLONTÉ D'ÊTRE UTILE. C'EST UNE DEVISE ET C'EST AUSSI TOUT UN PROGRAMME, UNE LIGNE DE CONDUITE À LAQUELLE JAMAIS NOTRE JOURNAL N'A DÉROGÉ, CURIEUX DE TOUT ET N'HÉSITANT PAS À TRAVERSER LE MONDE POUR DÉNICHER LA MAISON RARE, LE DÉTAIL INVEN-TIF, LE RAFFINEMENT INÉDIT.

LES VOYAGES, SI FRÉQUENTS, SI FACILES AUJOURD'HUI, ONT MIS EN MOUVEMENT LES OBJETS AUTOUR DE LA PLANÈ-TE, EN EFFERVESCENCE LES IDÉES, ABOLISSANT LES RÉGIO-NALISMES AU PROFIT D'UNE DÉCORATION SANS FRONTIÈRES. CE MONDIALISME ÉCLAIRÉ, C'EST TOUT LE STYLE ELLE DÉCO.

OUI, EN CETTE FIN DE MILLÉNAIRE, LES HOMMES BOU-GENT, ÉMIGRENT, EMPORTANT AILLEURS LEURS CULTURES. VOYEZ KENZO, LE PLUS PARISIEN DES JAPONAIS, IL A RECONS-TRUIT SON JAPON À LA BASTILLE. C'EST UN EXEMPLE, IL Y EN A MILLE AUTRES QUI PASSIONNENT ELLE DÉCORATION DONT L'ESPRIT EST FORCÉMENT TOURNÉ – AVEC SES DOUZE ÉDI-TIONS ÉTRANGÈRES! – VERS CE COSMOPOLITISME QUI FÉCON-DE TANT D'IDÉES NOUVELLES.

PARLONS-EN DE NOS ÉDITIONS INTERNATIONALES: L'ANGLETERRE, LA HOLLANDE, L'ALLEMAGNE, LA SUÈDE, L'ITALIE, LA GRÈCE, L'ESPAGNE, LE PORTUGAL, LES ÉTATS-UNIS, LA THAÏLANDE, HONG KONG ET LE JAPON, TOUS CES MAGAZINES TRAVAILLENT DANS LE MÊME ESPRIT QUE L'ÉDI-TION FRANÇAISE. CETTE DERNIÈRE FUT UN VÉRITABLE FILON QUE NOUS AVONS CREUSÉ POUR METTRE À JOUR, DANS LE LIVRE QUE VOICI, QUELQUES MINES D'IDÉES, CLASSÉES PAR PIÈCE, DANS UN SOUCI PRATIQUE BIEN SÛR, POUR VOUS ÉVITER D'AVOIR À CONSULTER VOS COLLECTIONS, AFIN D'Y RETROU-VER LA SALLE DE BAINS OU LE SALON DE VOS RÊVES.

CAR SI LA MISSION DE NOTRE MAGAZINE, COMME LE PROCLAME SA DEVISE, EST BIEN DE VOUS FAIRE RÊVER, CELLE DE VOUS ÊTRE UTILE EST ÉGALEMENT SON SOUCI CONSTANT. CET OUVRAGE EST NÉ DE LA CONJUGAISON DE CES DEUX VOLONTÉS. BONNE PROMENADE DANS L'UNIVERS ELLE DÉCORATION.

ELLE DECORATION IS CELEBRATING ITS 10TH ANNIVERSARY. FOR OVER A DECADE, OUR MAGAZINE HAS STRIVED TO DEVELOP A CERTAIN TONE AND ESTABLISH ITS OWN UNIQUE STYLE WHICH, FROM NOW ON, MAY BE RECOGNISED AT FIRST GLANCE AND IDENTIFIED BY ALL AS THE ELLE DECO STYLE. WE LIKE TO SUMMARIZE THIS STYLE, WITH ITS LOVE OF ECLECTI-CISM AND FREEDOM, IN AN EXPRESSION THAT INCORPORATES OUR PHILOSOPHY: THE DESIRE TO MAKE YOU DREAM AND THE WILLINGNESS TO HELP YOU. THIS IS NOT ONLY OUR MOTTO, BUT ALSO OUR PROGRAMME, AND A LINE OF CONDUCT FROM WHICH WE HAVE NEVER STRAYED. AFTER ALL, WE HAVE ALWAYS BEEN INTERESTED IN SEEING EVERYTHING AND HAVE NEVER HESITA-TED TO JOURNEY TO THE FOUR CORNERS OF THE WORLD IN ORDER TO DISCOVER AN UNUSUAL HOUSE, AN INVENTIVE DETAIL OR A TOTALLY NEW SOPHISTICATION.

TRIPS ABROAD, SO EASY TO ORGANISE NOWADAYS, HAVE NOT ONLY MADE OBJECTS MORE ACCESSIBLE AND STIMULATED BUDDING IDEAS BUT HAVE ALSO SUCCEEDED IN ERADICATING LOCAL MONOPOLIES IN FAVOUR OF A DECORATION WITHOUT BORDERS. THIS FREE-THINKING INTERNATIONALISM IS WHAT THE ELLE DECO STYLE IS ALL ABOUT.

IT GOES WITHOUT SAYING THAT, AS WE APPROACH THE DAWN OF THE NEW MILLENIUM, MAN IS MOVING, EMIGRATING AND TAKING HIS CULTURE WITH HIM. FOR EXAMPLE, KENZO, THE MOST PARISIAN OF ALL JAPANESE DESIGNERS, HAS RECREATED HIS JAPANESE ENVIRONMENT IN THE BASTILLE AREA. KENZO IS JUST ONE OF MANY FOR WHOM ELLE DECORA-TION HAS DEVELOPED A PASSION, OUR SPIRIT BEING OBVIOUS-LY TURNED – ALONG WITH THAT OF EACH OF OUR TWELVE FOREIGN EDITIONS! – TOWARDS THIS FERTILE STYLE WHICH PRODUCES SO MANY RICH IDEAS.

AS FOR OUR INTERNATIONAL EDITIONS –THE UNITED KINGDOM, HOLLAND, GERMANY, SWEDEN, ITALY, GREECE, SPAIN, PORTUGAL, THE UNITED STATES, THAILAND, HONG KONG AND JAPAN – ALL THESE MAGAZINES ADHERE TO THE SAME SPIRIT AS FRENCH ELLE DECO, A MINE OF INFORMATION THAT WE HAVE RESEARCHED EXHAUSTIVELY IN ORDER TO OFFER YOU THIS BOOK. INSIDE, YOU WILL FIND A BONANZA OF IDEAS WHICH, FOR PRACTICALITY'S SAKE OF COURSE, ARE CLAS-SIFIED ROOM BY ROOM SO THAT YOU NO LONGER HAVE TO GO THROUGH YOUR ENTIRE COLLECTION TO FIND ONCE AGAIN THE BATHROOM OR LIVING ROOM OF YOUR DREAMS.

AFTER ALL, IF THE MISSION OF OUR MAGAZINE IS, AS ITS MOTTO PROUDLY DECLARES, TO ENCOURAGE YOU TO DREAM, IT IS ALSO TO BE UNFAILINGLY HELPFUL. THIS BOOK IS THE RESULT OF THE COMBINATION OF THESE TWO WISHES. ENJOY YOUR JOURNEY INTO THE UNIVERSE OF ELLE DECORATION.

LES PLUS BEAUX
Salons
THE MOST BEAUTIFUL
Living rooms

PAGE DE GAUCHE

Réveillant le style victorien par ses audaces
néobaroques, l'architecte Anthony Collett a dépoussiéré cette
antique demeure londonienne. Ici, un salon à forte
personnalité, éclairé par une verrière et un lustre en verre cerclé
de fer. Encadrant la cheminée,
paire de fauteuils Arts and Crafts. Méridienne dessinée
par Anthony Collett et miroir par M. Kirkley.

LEFT PAGE

By adding some neo-baroque touches,
the architect Anthony Collett has dusted down this very old
London residence and livened up the Victorian style.
Here, a living room with a strong personality is lit by a glass roof
and a glass chandelier circled with iron.
Two Arts and Crafts armchairs frame the fireplace. Day-bed
designed by Anthony Collett and mirror by M. Kirkley.

PAGE SUIVANTE

Un jardin de lierre et de gravillons occupe le cœur
de la maison parisienne du décorateur François Catroux, une pure réussite,
à la fois pleine de rigueur et pourtant chaleureuse, classique
et pourtant contemporaine. Dans le salon, le sol en marbre peint façon
fausse pierre est recouvert en partie d'un tissu épinglé gansé.
A gauche, le lit de repos par Mies Van Der Rohe est recouvert de daim.
A droite, la table ronde au plateau de loupe, dessinée
par François Catroux, se compose de cinq parties. Paire de lampes années 30
et fauteuil contemporain en acajou recouvert d'un épinglé noir.

FOLLOWING PAGE

At the heart of the interior decorator François Catroux's Parisian house,
a garden made from ivy and chippings. A total success
which is meticulous yet welcoming, classical yet comtemporary. In the
living room, the marble floor painted to look like artificial stone
is partially re-covered with a fabric studded and trimmed with braid. On the
left, the Mies Van Der Rohe day-bed is re-upholstered in suede.
On the right, the round table, with its burr walnut top, can be divided into
five sections. A pair of 30s lamps and a contemporary
mahogany armchair re-upholstered in black studded material.

L'architecte d'intérieur Rémi Tessier a rendu sa liberté à ce grand appartement lyonnais. En l'affranchissant de ses portes et en permettant une circulation de la lumière. Une lumière qui tombe de grandes baies vitrées ouvertes sur le ciel et la Saône. Table basse en sycomore sur tapis prune et, au mur, tableau de Pincemin.

The interior designer Rémi Tessier freed this spacious flat in Lyon. This open-plan style permits easy circulation and, with the help of bay windows which afford a magnificent view of the sky and the Saône, allows a fantastic amount of light to enter into the flat. A low sycamore table on a plum-coloured rug and, on the wall, a Pincemin painting.

Une princesse de Malaisie voulait habiter sur les toits de New York. Pour la lumière. Le jeune architecte Campion Platt lui aménagea un coin de ciel au-dessus de Manhattan. Bois clairs et verre, un vertige de transparence où l'esprit moderne s'épanouit sur des bases classiques. Le canapé et le fauteuil sont de Warren McArthur.

A Malaysian princess wanted to live above the roof tops of New York in order to benefit from the light. The young architect Campion Platt created a little corner for her high up in the Manhattan sky . Light wood and glass, an intoxicating effect of transparency where modern style, based on the classical, flourishes. The sofa, like the armchair facing it, was designed by Warren McArthur.

A Bruges, dans une usine désaffectée reconvertie en loft, l'espace a été mis à nu avec un impressionnant esprit d'ouverture. La partie salon donne sur un petit jardin intérieur. Fauteuils et canapé de Starck, table roulante en aluminium et pitchpin. A gauche, peinture du peintre belge Mario de Brabandere. Vases de Starck et de Borek Sipek.

In Bruges, in an abandoned factory converted into a loft, the space has been stripped with an impressive open-mindedness. The living room area looks out over a small inner garden. Armchairs and sofa by Starck, table on wheels made from aluminium and pitchpin. To the left, a painting by the Belgian artist Mario de Brabandere. Vases by Starck and Borek Sipek.

A Barcelone, l'architecte Ricardo Bofill a transformé une ancienne cimenterie en un espace étonnant où il vit et travaille. «Domestique, monumentale, brutale et conceptuelle», c'est ainsi qu'il définit cette salle cubique de dimensions grandioses (14 x 14 m et 8 m de hauteur sous plafond) qui fait office à la fois d'auditorium et de salon.

In Barcelona, the famous architect Ricardo Bofill has converted an old cement works into an amazing space where he works and lives. «Domestic, monumental, raw and conceptual» is how Ricardo Bofill defines this cubic room of imposing dimensions (14 by 14 m and 8 m of height from floor to ceiling) which serves both as an auditorium and a reading room.

A Paris, les créateurs les plus marquants des années 40 et 50 semblent s'être donné rendez-vous chez ce collectionneur.
Dans le salon, les canapés et les fauteuils d'Arbus reposent sur un tapis ras d'Aubusson (1948), dessiné par Jacques Despierre. Devant les fenêtres,
une magnifique table d'Arbus est encadrée par une paire d'obélisques
de Poillerat. A droite, deux poufs de Rothschild. Plus loin, on devine le coin bureau avec les chaises de Robsjohn Gibbings.

In Paris, the most influential designers from the 40s and 50s appear to have met up at the home of this collector.
In the living room, the sofas and the Arbus armchairs are placed on a short-pile 1948 Aubusson rug designed by Jacques Despierre.
In front of the windows, a magnificent Arbus table is framed by a pair of Poillerat obelisks.
On the right, two Rothschild pouffes and, just beyond them, one can make out the office area with its Robsjohn Gibbings chairs.

A Paris, près de Montparnasse, le couturier norvégien Per Spook
s'est installé dans un atelier d'artiste au sous-sol duquel il a aménagé ce salon où il affirme son goût pour les œuvres contemporaines.
In Paris, not far from the Montparnasse area, Norwegian dress designer
Per Spook lives in an artist's studio. His lounge, in the basement, is where he affirms his taste for contemporary art.

Chez Clara Saint, attachée de presse d'Yves Saint Laurent: à gauche, un canapé des années 30 recouvert d'un damas bleu ancien; au centre, un fauteuil rayé des années 40.
Au sol, kilim de couleurs vives. Sellette en chêne, guéridon en fer années 40 chiné aux Puces. Au mur, à droite, paravent représentant le Pont-Neuf, à Paris.
In the lounge of Clara Saint, Yves Saint Laurent's press attaché, a very pretty 30s sofa re-upholstered in antique blue damask (left). In the middle, a stripey 40s armchair. On the
floor, a brightly coloured kilim. Oak stand and 40s iron pedestal table found in a flea-market. To the right, on the wall, a screen depicting the Pont-Neuf bridge in Paris.

A Londres, dans une maison conçue par David Champion et Anthony Collett, le coin salon avec ses deux canapés-bancs. Les coussins ont été réalisés dans un tissu africain. De chaque côté, dans les niches, lampes en fer forgé de Paul Jobst et, à gauche, photographie d'Irving Penn. Au-dessus de la cheminée, gouache de Margaret Britz.
In London, the interior decorators David Champion and Anthony Collett have redesigned an old Victorian house with great panache. The cushions were made from African material. On either side of the fireplace, in the niches, wrought iron lamps by Paul Jobst and, on the left, a photograph by Irving Penn. Above the fireplace, a Margaret Britz gouache.

Dans cet appartement parisien, les tons neutres mettent en valeur dessins, huiles et livres, meubles Art Déco et années 40. A droite, bibliothèque tournante supportant une vasque en porcelaine de Sèvres. Sur la cheminée, lampes 1900 de Defeure et, à droite, dessin de Jean-Charles Blais.
In this beautiful Parisian flat, neutral shades help set off sketches, oil paintings, books and Art Deco and 40s furniture. On the right, a revolving bookcase, upon which is placed a Sèvres porcelain bowl. On the fireplace, Defeure lamps dating back to 1900, and on the right, a sketch by Jean-Charles Blais.

A Montparnasse, au cœur de Paris, un directeur de magazine habite ce loft qui porte l'empreinte de ses fréquents
séjours aux Etats-Unis. Sous la bannière étoilée, le moulage en résine est de Charles Matton. Au mur, une enseigne de Club House et la reproduction
photographique d'une toile de John Karcere.

*In the centre of Paris, in the Montparnasse area, a magazine editor lives in this loft which bears witness
to his frequent trips to the United States. On the bookcase, beneath the star spangled banner, a resin cast by Charles Matton. On the wall, a Club House sign
and a photographic reproduction of a John Karcere painting.*

PAGE PRÉCÉDENTE

Dans un salon londonien décoré par l'architecte Anthony
Collett, les murs sont tapissés à la feuille d'or et la paire de fauteuils à oreillettes
habillée d'une feutrine militaire, de châles et de coussins
dessinés par G. Fowler. Jadis de style victorien, cette maison a été fortement
transfigurée par un arc-en-ciel de couleurs audacieuses et un style
néobaroque très affirmé. A droite de la cheminée, la peinture est de David Champion.

PREVIOUS PAGE

*In a London drawing room designed by Anthony Collett,
the walls are decorated with gold leaf and the pair of armchairs with head-cushions
are covered with a military baize, shawls and cushions designed by
G. Fowler. This house, which used to be decorated in Victorian style, has been
transformed by a rainbow of bold colours and a very obvious
neo-baroque look. The painting to the right of the fireplace is by David Champion.*

SALONS *Living rooms*

A Paris, dans le quartier du Marais, chez le décorateur Frédéric Méchiche, les murs de la bibliothèque ainsi que ceux de la salle à manger attenante
sont recouverts de boiseries datant du XVIIIᵉ siècle. Devant la fenêtre, canapé Napoléon III recouvert de satin. Sur certaines chaises, on retrouve les rayures noires et blanches
que Frédéric Méchiche affectionne. Les autres sont recouvertes de toile de bâche. Ce décorateur résolument moderne sait tirer
les leçons du passé et s'enrichir de sa beauté classique. Ici, il appose l'insolence de sa griffe – ces rayures noires et blanches – sur un décor inspiré des XVIIIᵉ et XIXᵉ siècles.

*In the Marais area of Paris, at the home of the interior decorator Frédéric Méchiche, the walls of the bookcase and the adjacent dining room
are covered in panelling dating back to the 18th century. In front of the window, a Napoleon III sofa re-upholstered in satin. Some of the chairs are re-upholstered in the black
and white stripes that Frédéric Méchiche is so fond of. Other chairs are re-upholstered in canvas. This thoroughly modern interior decorator
draws on and learns from the past and enriches his style with the classical beauty of an earlier period's style. Here, he stamps his insolent signature
– these black and white stripes – on a decor inspired by the 18th and 19th centuries.*

PAGE SUIVANTE
Aux Seychelles, cette maison ouvre directement sur la mer.
Tons ocre, terre et safran, meubles sculptés comme des totems et masques africains
font de cette demeure de bois et de palmes une réussite absolue signée
du photographe Gian Paolo Barbieri. «Facile, simple» sont les deux mots d'ordre qui
la caractérisent et qu'illustre bien le grand salon:
un immense canapé, des tables et des sièges presque bruts, tels des sculptures
signées Mauro Mori. Une décoration minimaliste: quelques
sculptures africaines, un tirage photo de Gian Paolo Barbieri et, ça et là, des objets
fétiches comme ce petit crocodile en bois ou ce serpent du Cameroun.

FOLLOWING PAGE
*A beach house in the Seychelles. Ochre, earth and saffron shades,
furniture carved to look like totems and African masks all make this wood and palm
leaf home, designed by the famous photographer Gian Paolo Barbieri,
a total success. «Easy» and «simple» are the two words which spring to mind when
describing this house. In this large lounge, everything is uncomplicated:
a huge sofa and tables and chairs which are practically untreated, just like these
Mauro Mori sculptures. Some African sculptures,
a Gian Paolo Barbieri print and, here and there, fetish objects like this small
wooden crocodile and the large snake from the Cameroon.*

Grand photographe de mode, Roger Prigent a toujours mené de front sa passion pour l'image et son goût pour l'Empire français. Dans le respect de la tradition américaine, il a laissé apparente la brique des murs de son salon. Le canapé est recouvert d'un patchwork de couvertures indiennes. Peintures des années 30 et siège Empire en acajou (estampillé Jacob).

Famous fashion photographer Roger Prigent has always exercised both his passion for photography and his liking for the French Empire style. In American fashion, he has left the brick walls of his living room as they are. The sofa is re-upholstered with a patchwork of Native American blankets. Paintings from the 30s and an Empire mahogany chair (a Jacob trademark).

Contre la grisaille londonienne, la créatrice de bijoux Solange Azagury-Partridge emploie les grands moyens: rassemblant les couleurs et mobilisant les jeunes créateurs anglais, elle affirme sur tous les tons son goût pour un confort qui ne craint pas l'audace. Explosion de formes, de couleurs et de styles!

To combat the greyness of London, the jewellery designer Solange Azagury-Partridge has resorted to drastic measures. By assembling colours and mobilising young English designers, she affirms on every level her taste for a comfortable decor which is not afraid to be daring. An explosion of forms, colours and styles!

La styliste et comtesse Muriel Brandolini d'Adda vit à Manhattan, dans un appartement qu'elle a marqué de sa forte personnalité. Les rideaux sont un patchwork de velours, de voile, de bourrette de soie et en shantung. Paravent contemporain, poteries des années 50, canapés et siège de récupération. Des calebasses africaines pendent aux embrasses des rideaux.
The stylist and Countess Muriel Brandolini d'Adda lives in a Manhattan flat upon which she has stamped the mark of her strong personality. Curtains made from a patchwork of velvets, veils and shantung. Contemporary screen, 50s pottery and second-hand sofas and chairs. In front of the window, African gourds are hung from the curtain loops.

Au manoir de Cole Park, en Angleterre, chez la décoratrice Lady Weinberg (Anouska Hempel). Mélange de rayures de tailles différentes, caractéristique de son style, et mariage d'objets de provenances très diverses: boîtes chinoises en laque rouge, urnes en pierre sculptée (Portugal, XVIIIᵉ siècle), paire de commodes allemandes.
At Cole Park manor in England, the interior decorator Lady Weinberg (Anouska Hempel) has entirely redesigned this sitting room. A combination of stripes of various widths and a mixture of objects of different styles and origins: red laquered Chinese boxes, two 18th century Portugese sculpted stone urns, two inlaid German chests of drawers.

Au cœur de Paris, dans un hôtel particulier du XVIIᵉ siècle, un commissaire-priseur a installé pêle-mêle Bérard, Chareau, Jean-Michel Frank et l'art Nègre,
là où vécut jadis Mansart. Une confrontation décapante et insolente d'époques, de styles et de couleurs qui réveillent la vieille bâtisse. Vases de Dunan, reliquaire-Kota et, sur le
miroir, œuvre cubiste de Miklos. Banquettes et fauteuils de Sornay et table basse de Jean-Michel Frank: un véritable métissage d'époques et de styles!

*In the heart of Paris, in a 17th century townhouse where Mansart once lived, an auctioneer has hung African art and paintings by Bérard, Chareau and Jean-Michel Frank.
An abrasive and insolent confrontation of different periods, styles and colours which breathe life into this old building. Dunan vases, Kota-relics and, on the mirror, a Cubist work
by Miklos. Window seats and armchairs by Sornay and low table by Jean-Michel Frank. A real cross-cultural fertilization of styles!*

PAGE PRÉCÉDENTE

Julie Prisca, créatrice de meubles et d'objets, vit en Normandie dans une maison qu'elle a pavoisée de couleurs soleil, qui ne sont pas sans rappeler la Provence, et où règne un savant désordre plein d'un charme chaleureux. Dans le salon, aux murs safran et aux poutres vert lagon, les meubles s'intègrent parfaitement: un canapé recouvert d'une toile rouge, des fauteuils houssés sur lesquels est jeté un plaid boutonné en laine et angora, une table basse avec plateau en chêne travaillé à la gouge et une série de lampes en cuivre, en laiton, en fer patiné ou en verre. Au fond, on aperçoit un large meuble régional en bois fruitier. Partout, le sol est recouvert de «seagrass». A gauche, tableau d'Elga Etzen.

Julie Prisca, a furniture and object designer, lives in Normandy in a house she has decorated in sunshine colours, reminiscent of Provence, and where the organised mess has a very welcoming charm. In the living room, where the walls are saffron yellow and the beams green lagoon, Julia Prisca's furniture fits in perfectly. A sofa re-covered with a red cloth, slipcovered chairs with a wool and angora throw decorated with buttons, a low table with an oak top, which has been engraved, and a series of lamps made from copper, brass, patinated iron and glass. At the back, a large regional piece of furniture made from fruitwood. The floor is re-covered everywhere in «seagrass». On the left, a painting by Elga Etzen.

SALONS *Living rooms*

Madeleine Castaing a traversé son siècle en lui donnant du chic et de l'allure, réhabilitant le XIXᵉ avant tout le monde et remettant le Biedermeier au goût du jour.
Les meilleurs décorateurs actuels se réclament d'elle et de ses mélanges de genres, d'époques et de couleurs, insolites et insolents mais toujours séduisants.
A Paris, dans cet appartement qui fut le sien, le salon bleu est demeuré intact: à côté du poêle XIXᵉ en faïence, un confortable fauteuil (début XIXᵉ). Au-dessus des tables à jeux
anglaises (début XIXᵉ), une suspension Directoire en tôle peinte. Dans l'encadrement, des rideaux en faille bleue à impressions noires (Madeleine Castaing), deux bustes
en Wedgwood du XIXᵉ. Devant, une paire de chaises néoclassiques ornées d'un médaillon. Miroir anglais du XIXᵉ.

*Madeleine Castaing has lived through the current century with style and sophistication. She was the first to redeem 19th century decor
and it is thanks to her that the Biedermeier is now back in fashion. Today, the most talented interior decorators ask for Madeleine and her mix of genres, periods and colours
which are unusual and provocative, yet extremely appealing. In this Parisian flat, where she used to live, the blue drawing room has not been changed
at all. Next to the 19th century earthenware stove, a comfortable early 19th century armchair. Above the early 19th century English games tables, a painted sheet
metal Directoire pendant. In the framework, blue silk curtains with a black print (by Madeleine Castaing)
and two 19th century Wedgewood busts. In front, a pair of neoclassical chairs adorned with a medallion. A 19th century English mirror.*

PAGE SUIVANTE

En Suisse, dans le canton de Vaud, Garouste et Bonetti, les deux
complices du design et de la décoration néobaroque, ont aménagé une maison à
deux pas de Lausanne. Fauteuils et canapés en velours, table basse et
console en fonte de bronze argenté et tapis assorti. Les meubles du salon ont
tous été dessinés par Garouste et Bonetti. Sur le mur de gauche,
deux «multimédia» de Miguel Barcelo. Au fond de la pièce, tableau de Janis Kounellis.

FOLLOWING PAGE

*In the Swiss canton of Vaud, Garouste and Bonetti, two partners in design
and neo-baroque decoration, have built a house a stonethrow's distance away from
Lausanne. Armchairs and sofas made from velvet, low table and console made
from melted down silver-plated bronze, and matching rug. All the furniture was designed
by Elizabeth Garouste and Mattia Bonetti. On the left wall, two «multimedia»
paintings by Miguel Barcelo. At the back of the room, a Janis Kounellis painting.*

Hilton McConnico, créateur de meubles et d'objets, habite près de Paris une maison qu'il a marquée de son empreinte fantaisiste et provocante. Dans le salon, trois huiles signées McConnico. En haut à droite, une photo noir et blanc, également signée McConnico pour Cerruti. Au premier plan, deux fauteuils des années 30.
Hilton McConnico, who designs furniture, objects and rugs, lives near Paris in a house where he has left his strong, eccentric and provocative mark. In the living room, three Hilton McConnico oil paintings. On the right, at the top, a black and white photograph taken by Hilton for Cerruti. In the foreground, two 30s armchairs.

Fenêtres largement ouvertes sur Green Park, ce salon aux tonalités claires a été conçu par David Champion et Anthony Collett: immenses canapés encadrés d'acajou, tables d'appoint et table basse, le tout créé par les deux décorateurs. Sur les tables d'appoint, paire de lampes dessinées par William Mc Horwey avec abat-jour en parchemin.
This London flat, with its windows opening out onto Green Park, has been redesigned by Anthony Collett and David Champion. Upon entering this living room, with its light tones, one is struck by the huge sofas framed in mahogany. On the additional tables, a pair of William Mc Horwey lamps with parchment lampshades.

A Paris, couleurs fortes et collections d'art contemporain dialoguent de façon audacieuse dans ce triplex. Une galerie court au-dessus du salon. A droite, tambour des Nouvelles-Hébrides. Sur la table, "Nana" de Niki de Saint-Phalle. Tapis de Jean-Michel Wilmotte. Au mur, à droite, toile de Pierre Le Clerc. Au fond, tableau de Jean Dubuffet.

In Paris, strong colours and a contemporary art collection boldly converse in this triplex. Above, the gallery, which runs alongside the office, overhangs the room. To the right, a drum from the New Hebrides. On the low table, "Nana" by Niki de Saint-Phalle. A Jean-Michel Wilmotte rug. On the wall, to the right, a large painting by Pierre Le Clerc. At the back, a Jean Dubuffet painting.

Loulou de La Falaise, c'est d'abord un style. Eclatant d'invention dans les fascinants bijoux qu'elle crée pour Yves Saint Laurent. Plein de caractère dans les maisons qu'elle habite. Ici, ce salon a été meublé avec les sièges, la table basse et la bibliothèque pivotante dessinés par son frère, le designer Alexis de La Falaise.

Loulou de La Falaise has a style all of her own. When designing fascinating jewellery for Yves Saint Laurent, she gives free reign to her imagination. Her houses have plenty of character. Here, Loulou has decorated the large living room with chairs, a low table and a revolving bookcase, all designed by her brother, Alexis de La Falaise.

SALONS *Living rooms*

Les décorateurs David Champion et Anthony Collett ont réorganisé l'espace de ce grand appartement à Londres et dessiné pour lui une grande partie
du mobilier. Dans ce très beau salon aux tonalités blanc crème, la cheminée XVIIᵉ est rehaussée d'une photo de Pablo Picasso par Irving Penn et encadrée de hauts-parleurs
dessinés par Collett et Champion sur lesquels sont posés des vases grecs anciens. Le tissu de la méridienne dessinée par
Christopher Gibbs en soie à rayures jaunes et grises rappelle celui des rideaux. Le canapé, les tables et les lampes ont été eux aussi dessinés par Collett et Champion.

The interior decorators David Champion and Anthony Collett have reorganized the space in this big London flat and have designed most of the furniture.
In this very beautiful living room decorated in shades of white and cream, the 17th century fireplace is brightened up by an Irving Penn photograph of Pablo Picasso and
surrounded by loud-speakers, designed by Collett and Champion, upon which are placed antique Greek vases. The day-bed, designed
by Christopher Gibbs, is made from yellow and grey striped silk which co-ordinates with the curtains. The sofa, tables and lamps were also designed by Collett and Champion.

PAGE PRÉCÉDENTE

En Angleterre, dans le Sussex, l'architecte-décorateur
John Stefanidis a aménagé dans une ancienne étable un grand salon
au raffinement simple et accessible, aux murs de
briques peints en blanc mat. A noter, à droite, les claies qui filtrent
la lumière du jour d'anciens soupiraux. Même principe
pour les cache-radiateur et la table basse fleurie par des orchidées.

PREVIOUS PAGE

In an old cattle-shed in the English county of Sussex, the architect and
interior decorator John Stefanidis has created a large living room
which has a simple and accessible sophistication. The brick walls are painted in
white matt. Of particular interest, the grids on the right
which filter in the light through old cellar windows. The same principle is used
for the radiator cover and the low table decorated with orchids.

Homme de mode, le Français Joseph Ettedgui s'est installé à Londres dans un très bel appartement où ce passionné de mobilier
et de styles vit parmi ses collections d'objets. Ici, dans le salon, les cheminées jumelles semblent dédoublées par un effet de miroirs. Sièges des années 30 à 50,
paravent d'Eileen Gray, luminaires de Perzel et vases Lalique.

Fashion designer Joseph Ettedgui, who has a passion for furniture and for different styles, lives in a beautiful London flat among his collection of objects. Here, in the living room,
the twin fireplaces appear to be split in two by a mirrored effect. Chairs from the 30s to the 50s, screen by Eileen Gray, lights by Perzel and Lalique vases.

PAGE SUIVANTE

Il y a une quinzaine d'années, l'architecte Charles Jencks inspirait toute une
génération de bâtisseurs en prédisant le retour des frontons grecs, colonnades et
autres arcs-boutants. Aujourd'hui, le pape du post-modernisme vit retiré sur
ses terres écossaises, dans sa villa victorienne revue et corrigée par une combinaison
de théories très intellectuelles. Ainsi, le salon abrite une géométrie complexe
de lignes droites qui télescopent des formes ondulantes. Torsions, courbures, tout
n'y est que représentation symbolique de l'univers perçu à son degré le plus
microscopique: là où la matière n'est plus qu'une somme d'atomes en perpétuelle
agitation. Pour futuriste que soit le style, il n'est pas sans rappeler le baroquisme
tchèque et le compartimentage «début de siècle» d'un Charles Rennie Mackintosh.

FOLLOWING PAGE

Approximately fifteen years ago, the architect Charles Jencks inspired an entire
generation of master-builders by predicting the comeback of Greek pediments,
colonnades and other flying buttresses. Today, the pope of post-modernism is retired
and lives on his Scottish property in a Victorian villa redesigned with
a combination of very intellectual theories. The living room houses a complex
geometry of straight lines which overlap with undulating forms and curves; everything
is a symbolic representation of a universe percieved at its most microscopic
degree: there where matter is just a collection of atoms in perpetual agitation. However
futurist this style appears to be, it nonetheless reminds one of Czech
baroquism and the «début de siècle» compartmentalization of Charles Rennie Mackintosh.

SALONS *Living rooms*

Dans le loft que la décoratrice Andrée Putman occupe sous les toits à Paris, aux murs du coin salon, sous un puits de lumière,
quelques-uns des «peintres de sa vie»: Bram Van Velde (à gauche) et Alechinsky (à droite). Tortue en marbre noir de Max Ernst et fauteuil de Ruhlmann. Sur la table basse, lampe
"Jumo". Le canapé est déhoussable pour un nettoyage en machine à laver: «Ce sont des détails pratiques, dit Andrée Putman, qui sont pour moi de première importance.»

Inside the interior decorator Andrée Putman's Parisian loft, the walls of the living room area are hung with works by some of the «painters of her life»:
Bram Van Velde (left) and Alechinsky (right). Black marble turtle by Max Ernst and armchair by Ruhlmann. On the low table, a «Jumo lamp». Sofa with a loose cover which can be
washed in the washing machine. For Andrée Putman, «It is the practical details which are the most important».

PAGE SUIVANTE

Cette maison qu'habite Philippe Starck en région parisienne, le designer l'a tout d'abord imaginée pour figurer dans un catalogue de vente
par correspondance. Dans son salon généreux, très proche de l'esprit des lofts, l'immense canapé en merisier verni au tampon, façon acajou,
de Jean-Denis Coat, est recouvert de lin blanc. Autour, tout ce qui inspire Philippe Starck: photos, souvenirs de voyages, objets kitsch, etc.

FOLLOWING PAGE

The designer Philippe Starck originally designed his house,
in the Paris area, for a mail-order catalogue. The large lounge, with its loft-like look,
has an huge pad-varnished cherrywood sofa re-upholstered in linen
(by Jean-Denis Coat). All around, things that inspire Philippe Starck: photos,
souvenirs from holidays, kitsch objects, etc.

PAGE DE DROITE

Sur la côte atlantique de la Nouvelle-Angleterre, non loin de New York,
Donna Karan, fameuse styliste de mode aux Etats-Unis, habite une maison
de cèdre. C'est en Europe que cette adepte des Puces de
Londres et de Saint-Ouen déniche bois sculptés, miroirs, portes anciennes et
dentelles qu'elle associe dans de somptueuses compositions
en blanc et or pour décorer un salon à la fois moderne et baroque.

RIGHT PAGE

On the Atlantic coast of New England, not far from New York, the famous
American fashion designer Donna Karan lives in a cedar house. It is in Europe that
this London and Saint-Ouen flea-market enthusiast finds carved wood,
mirrors, antique doors and lace that she combines in sumptuous white and gold
compositions which decorate a living room that is both modern and baroque.

LES PLUS BEAUX
Accrochages
THE MOST BEAUTIFUL
Hangings

PAGE DE GAUCHE

Chez le décorateur français Jacques Grange, un
chevalet de présentation qui appartenait à un collectionneur
anglais. De gauche à droite et de haut en bas:
Victor Hugo par Nadar, Colette par Lipnitzki, Coco Chanel
par Horst, Andy Warhol par Philippe Morillo, le
"Violon d'Ingres" de Man Ray et Baudelaire par Etienne Carjat.

LEFT PAGE

At French designer Jacques Grange's residence,
a display easel acquired from an English
connoisseur. From left to right and top to bottom:
Victor Hugo by Nadar,
Colette by Lipnitzki, Coco Chanel by Horst,
Andy Warhol by Philippe Morillo, the "Violin d'Ingres"
by Man Ray and Baudelaire by Etienne Carjat.

PAGE SUIVANTE

A New York, un espace bien pensé dans une
maisonnette de Greenwich Village.
Au fond du salon, une bibliothèque de tableaux expose
les œuvres de Jeffry Holder et Le Gromellec.

FOLLOWING PAGE

In New York, a well -conceived space in this
little house in Greenwich Village.
At the far end of the living room, a book case
displays paintings including
works by Jeffry Holder and Le Gromellec.

ACCROCHAGES *Hangings*

Dans la salle à manger du manoir anglais de Cole Park, Lady Weinberg,
décoratrice et designer plus connue sous le nom d'Anouska Hempel, établit une habile correspondance végétale entre des planches botaniques
peintes à l'aquarelle (Inde, XVII⁰ siècle) et des poteries chinoises représentant des artichauts.

In the dining room of her English manor house at Cole Park, interior decorator and designer Lady Weinberg
– better known under the name of Anouska Hempel – has co-ordinated an interesting vegetal display of 17th century Indian water colour botanical boards
and chinese pottery depicting artichokes.

La mise en scène de cette très belle collection de photos, prises par Robert Demachy,
joue de la sobriété des symétries. Banquier né à la fin du XIXe siècle, Robert Demachy était égalemernt chef de file de l'école pictorialiste. Les tirages de ses photos,
au bromuol et à la gomme micromatique, donnaient des épreuves sur papier Ingres ou Canson qui pouvaient être retravaillées à la main.
Ainsi, il obtenait des résultats qui ressemblent à des peintures.

The layout of this beautiful collection of Robert Demachy photographs lies in its symetrical sobriety. A banker born at the end of the 19th century,
Robert Demachy was also the founder of the pictorialiste school. In developing his photos (with bromure and micromatic rubber), it was possible to use Ingres and Canson
paper, hence he was able to go over the proofs by hand. Using this technique, Robert Demachy created photographs that resembled paintings.

PAGE SUIVANTE

En Provence, dans le mas d'un collectionneur, les accrochages à
l'anglaise témoignent d'un goût immodéré pour
la peinture. Dans le salon, accumulation de lithographies de Léger,
Gleizer, Arp et Braque, parmi lesquelles on trouve
une huile d'Ipoustéguy, "La Mer". Fauteuils provençaux du XVIIIe siècle.

FOLLOWING PAGE

In a collecter's home in Provence, the owner's unrestrained
taste for art is most apparent. A display of
lithographs including Léger, Gleizer, Arp, and Braque
and oil painting "La Mer" by Ipoustéguy,
hang in his lounge. 18th century armchairs from Provence.

LES PLUS BELLES
Salles à manger
THE MOST BEAUTIFUL
Dining rooms

PAGE DE GAUCHE

Les grands créateurs de mode français ne juraient que par
Maxime de La Falaise. Aujourd'hui, celle-ci vit dans un mas des Alpilles où elle
a installé cette salle à manger qui exprime toutes les audaces d'un
esprit libre mais savamment maîtrisé. Au-dessus de la table ronde, dont le plateau
peint en faux marbre s'appuie sur un piètement sculpté de
dragons, lampe ancienne turque. Sur la cheminée, cache-pot des années 40
en ciment moulé, masque africain et paire de bougeoirs en argent.
Les chaises ont été peintes par Maxime et les murs badigeonnés de pigments
bleu céruléen et bleu outremer.

LEFT PAGE

Famous French fashion designers swear by Maxime de La Falaise.
Today Maxime lives in a farmhouse in the Alpilles where she has created a dining
room which expresses all the audacity of a free spirit whilst being
totally practical. The top of the circular table is decorated with an imitation
marble finish and stands on a sculpted dragon base.
Above the table, an antique Turkish lamp. On top of the fireplace, 40's flowerpot
holders in moulded cement, an African mask and
two candelabras. The chairs have been painted by Maxime. The walls are
colourwashed with cerulean blue and ultramarine pigments.

PAGE SUIVANTE

En plein Bruxelles, l'antiquaire Daniel Schaffeneers a donné à sa maison
un charme suranné et provincial, un style campagne nuancé
d'un exotisme très cosy. Dans la partie salle à manger contiguë à la cuisine,
meuble «deux corps» provençal, patiné en faux bois et faux marbre,
dans lequel se trouve une collection d'assiettes à motifs de fruits et légumes
en trompe l'œil. Sur la table ronde anglaise en pin, bouteilles à
vin anciennes. Sièges en rotin, lustre belge du XIXᵉ siècle et théières anglaises.

FOLLOWING PAGE

In the centre of Brussels, the antique dealer Daniel Schaffeneers has given
his house a vintage and provincial charm, a country style modified
by a very cosy exoticism. In the dining room area, which adjoins the kitchen,
a double-chested piece of furniture typical of Provence, patinated
in wood and imitation marble, which contains a collection of plates with fruit and
vegetable trompe l'œil motif. On the circular English pine table, antique
wine bottles. Rattan seats, a 19th century Belgian chandelier and English teapots.

SALLES À MANGER *Dining rooms*

Quartier de la Bastille à Paris, dans la sérénité d'une maison enfouie sous les bambous, le créateur de mode japonais Kenzo a retrouvé
ses racines orientales. Ouvrant sur le jardin intérieur, la maison de thé où l'on se déchausse pour entrer. Tout, absolument tout, ici, est authentiquement japonais: tatamis,
cloisons, structures de bois blond, sièges bas ont été choisis par Kenzo au Japon, puis expédiés à Paris afin de recréer l'atmosphère qu'il a connue
dans son enfance. Né dans la région de Hyogo, il a grandi dans la maison de thé que possédait son père. C'est donc pour lui un véritable retour aux sources.

*In the Bastille area, in the calm of a house tucked away behind bamboo, the Japanese fashion designer Kenzo has rediscovered his oriental roots.
Opening out onto the conservatory, the tea-house, where one takes one's shoes off before entering. Everything, absolutely everything here is totally Japanese. Tatami rugs,
partitions, structures made from blond wood and low seats, all chosen by Kenzo in Japan and then sent to Paris in order to recreate the
atmosphere of his childhood. Born in the region of Hyogo, he grew up in the tea-house belonging to his father. For Kenzo, therefore, this house is a real return to his roots.*

PAGE SUIVANTE,

À GAUCHE

Le fameux antiquaire-décorateur Axel Vervoordt habite,
près d'Anvers, une vaste demeure où il laisse libre cours à l'éclectisme de ses goûts.
Dans la salle à manger, située dans une tour, le sol est en tomettes
cirées du XVIIᵉ siècle. Sur la table, vases-bouteilles en porcelaine bleu blanc de Chine
et verres de cristal anciens. Tout autour, mélange de chaises
campagnardes, françaises et italiennes. Le lustre est en bois sculpté et plâtre.

FOLLOWING PAGE,

LEFT

*The famous antiques dealer and interior designer Axel Vervoordt
lives near Anvers in a vast residence where he has allowed his eclectic imagination
to run wild. In the dining room, situated in a tower, the floor is composed
of 17th century hexagonal floor tiles. On the table, blue-white china bottle-vases
and antique crystal glasses. All around, a variety of
rustic French and Italian chairs. Sculpted wood and plaster chandelier.*

Giorgio Armani, l'empereur de la mode italienne, règne à Milan sur un palais où il a installé bureaux et domicile.
L'enfilade de la salle à manger, du salon et du petit salon est orchestrée par de hautes portes en laque, couleur grain-de-café, à poignées
de métal argenté (1930). Abat-jour et murs tendus de parchemin blanc
et meubles en bois blond composent une atmosphère à la fois élégante et pleine de simplicité.

Giorgio Armani, the emperor of Italian fashion, reigns over a palace in Milan where he has installed his offices
and home. The dining room, main living room and smaller living room all have high doors in coffee coloured gloss paint and boast silver-plated handles
dating back to 1930. Lampshades and walls hung with
white parchment and blond wood furniture make for an elegant yet simple atmosphere.

PAGE SUIVANTE,
À DROITE

En Belgique, à Knokke-le-Zoute, dans une maison récente mais dont l'esprit regarde
vers tout ce que la tradition flamande peut avoir de bon, la salle à manger a
été conçue comme un jardin d'hiver. C'est une pièce en plus, éclairée par un lustre et
une applique qui sont des reproductions en résine de modèles du XVIIIe siècle en
bois sculpté. La table est dressée sur une nappe brodée ancienne avec de l'argenterie
de famille ainsi que des verres et bougeoirs, reproductions de modèles anciens.

FOLLOWING PAGE,
RIGHT

In Belgium, at Knokke-le-Zoute, a newly built house inspired by the best of Flemish
tradition. The dining room has been designed to look like a winter garden.
It is a room that has been added on to the main house and is lit by a chandelier and
a wall light that are resin reproductions of 18th century carved wood models.
The table is laid with an embroidered antique tablecloth, family silverware and glasses
and candlesticks which are reproductions of antique models.

A Paris, chez la grande architecte d'intérieur Andrée Putman,
la salle à manger se trouve sous un puits de lumière. Sur une table de Dupré-Lafon entourée de chaises du même designer, une trompette
en verre soufflé (objet de maîtrise du XVIIIᵉ siècle) et deux chandeliers Louis XIV.
La comtoise du XVIIIᵉ siècle allemand est ornée de grappes de raisins composées de morceaux
de miroirs gravés. Sur le lutrin, petite toile d'Alechinsky.

At the Parisian home of the famous interior designer Andrée Putman,
the dining room is bathed in light. On a Dupré-Lafon table, surrounded by chairs by the same designer, a blown glass trumpet
(a typical 18th century piece) and two Louis XIV candelabras.
The 18th century German clock is adorned with bunches of grapes made from fragments of engraved mirrors.
On the lectern, a small painting by Alechinsky.

SALLES À MANGER *Dining rooms*

C'est l'architecte d'intérieur Rémi Tessier
qui a rendu sa liberté à ce grand appartement lyonnais. En aménageant des mezzanines dans ses parties hautes,
en l'affranchissant de ses portes et en permettant une circulation facile
des occupants et de la lumière. Ici, la salle à manger, avec sa table couverte d'une ardoise brute,
est largement ouverte sur l'ensemble de l'appartement.

The interior designer Remi Tessier freed this spacious flat in Lyon
from its constraints by building mezzanines in the upper areas and by dispensing with doors.
This open-plan style permits easy circulation for the occupants and allows
a fantastic amount of light to enter into the flat. The dining room, its table topped with a rough
cleavage slate, opens out onto the rest of the flat.

SALLES À MANGER *Dining rooms*

À Paris, sous une exceptionnelle hauteur de plafond,
une ambiance à la fois grandiose et intimiste dans ce décor où souffle l'esprit de luxe et de raffinement qui animait les plus belles demeures du XIXᵉ siècle.
La salle à manger y est spectaculaire, «à la Visconti». Un décor de fête dans un écrin de boiseries rehaussées à la feuille d'or.
Sur la console en marbre, une coupe russe en argent que surplombe un miroir XVIIIᵉ en bois doré. Les deux tables sont juponnées de damas rouge, frangé.

In Paris, beneath an exceptionally high ceiling, an intimate yet grandiose atmosphere in a decor where the spirit of luxury
and sophistication, which lit up the most beautiful 19th century homes, is magnificently recaptured. The dining room is spectacular, «à la Visconti».
A festive decor with the gold leaf wood panelling. On the marble console,
a silver Russian bowl in front of a 18th gold wood mirror. The two tables are skirted with red damask fringe.

PAGE DE GAUCHE

Chez le créateur de mode Michel Klein, des bougies pour seul éclairage
jettent leurs lueurs sur la salle à manger de son appartement
parisien. L'atmosphère théâtrale est créée par les lambris rouges rechampis d'or.
Dessins d'architecture fin XVIIIᵉ et gravures
datant des XVIIIᵉ et XIXᵉ siècles. Sur la table ronde, tissu indien. Chaises
datées 1910 et table demi-lune Louis XVI en chêne.

LEFT PAGE

At the Parisian home of fashion designer Michel Klein,
candles are the sole form of lighting in the
dining room. The theatrical atmosphere is created by red and gold panelling.
Late 18th century architectural drawings and
engravings from the 18th and 19th centuries. On the circular table,
Indian fabric and on the 1910 chairs,
little cushions of material. Semi-circular Louis XVI oak table.

PAGE SUIVANTE

Homme de mode, Joseph Ettedgui est le Français qui a réussi à Londres.
Dans son appartement, l'Art Déco épouse harmonieusement le style contemporain.
La partie salle à manger est éclairée par un paravent-miroir en bois sculpté
à motifs de feuilles de chêne dorées. Vase-serpent de Lalique, lampadaire-serpent de
Brandt, chaises dans le goût de Ruhlmann. Au sol, de simples dalles
en pierre ancienne poncées et cirées composent un remarquable camaïeu d'ocre gris.

FOLLOWING PAGE

A man of fashion and a man of taste, Joseph Ettedgui is
the Frenchman who has succeeded in London. Inside his flat, a harmonious alliance
between Art Deco and contemporary style. The dining room area
is lit by a screen-mirror embossed with gold oak leaf patterns. Snake vase
by Lalique, snake standard lamp by Brandt, chairs
in the Ruhlmann style. On the floor, plain, sanded and polished antique stone
slabs make up a remarkable camaïeu of grey ochre.

LES PLUS BEAUX
Bureaux
THE MOST BEAUTIFUL
Offices

PAGE DE GAUCHE

Un bureau à l'atmosphère 1930.
Conçue par le décorateur Yves Taralon, cette pièce de
petite taille, tapissée d'une marqueterie
de paille à la manière de Jean-Michel Frank, dispose
d'une astucieuse bibliothèque placée sous
le plafond. Marqueterie réalisée par Lison de Caunes.
Les étagères, desservies par une
échelle mobile, sont en placage d'ébène de Macassar.

LEFT PAGE

Designed by the interior decorator Yves Taralon,
this 1930s office is decorated with marquetry walls in
straw by Lison de Caunes in the style
of Jean-Michel Frank. There is a cleverly incorporated
bookcase under the ceiling, and a mobile
ladder leads to the veneered Macassar ebony shelves.

PAGE SUIVANTE

A la fois designer et décorateur, Didier Gomez
a aménagé le bureau de Pierre Bergé,
Président de Yves Saint Laurent Couture. Des canapés en
arc de cercle, spécialement conçus pour cette pièce
qui tient aussi du salon, épousent les fenêtres en rotonde.

FOLLOWING PAGE

Yves Saint Laurent's director Pierre Bergé's
office-salon was decorated by interior designer Didier
Gomez. Semi-circular sofas specially
built for this room hug the rounded bay windows.

PAGE SUIVANTE, À GAUCHE

L'antiquaire qui habite cette maison aux portes de Paris l'a aménagée comme un triplex au dernier étage duquel, sous le toit, il a conçu ce bureau-loggia plein de charme. La lumière y tombe par des persiennes modulables, éclairant, entre autres, une eau-forte de Coubine (1920), une sculpture contemporaine d'Hiquili et une huile de Paul Vera (1910). Autour de la table de Serrurier-Bovy, chaises 1950 de Raymond Subes.

FOLLOWING PAGE, LEFT

In a house built as a triplex near Paris, an antique dealer has transformed the top floor into a charming office-loggia. Adjustable blinds control the light which illuminates an etching by Coubine (1920), a modern sculpture by Hiquili and an oil painting signed Paul Vera (1910). 1950s chairs by Raymond Subes surround the table designed by Serrurier-Bovy.

BUREAUX *Offices*

L'inspiration de l'architecte d'intérieur John Stefanidis, grand voyageur et amateur d'art, s'enracine entre l'Orient et l'Occident et trouve son équilibre entre les curiosités chamarrées des souks et le classicisme de l'Italie ou de la Grèce antique. Ici, dans un petit salon privé, il a dessiné ce bureau en acajou et ébène particulièrement élégant.

A great traveller and art lover, John Stefanidis has established his artistic roots between the Orient and Occident. His source of inspiration is greatly influenced by curiosities from souks, classical Italian art and ancient Greece. In this private lounge, he has designed an elegant desk in mahogany and ebony.

PAGE DE GAUCHE

En Belgique, dans sa maison près d'Anvers, l'architecte-décorateur Jean de Meulder met en scène de façon sobre et rigoureuse la rencontre des années 30 et de la Sécession viennoise. Sur une table-bureau en chêne cérusé des années 30, service à thé, daté de 1928, en argent massif et Bakélite de l'orfèvre anglais Howard Stabler. Lampe-clip dessinée par Jean de Meulder, fauteuils de Marcel Kammerer.

LEFT PAGE

In his house near Anvers, Belgium, architect-designer Jean de Meulder has achieved an alliance between the styles of the 1930s and the Viennese Secession in the strictest of fashions. A 1928 solid silver and bakelite tea service by English silversmith Howard Stabler, stands on a 1930s oak tinted table-desk. Lamp clip designed by Jean de Meulder, armchairs by Marcel Kammerer.

BUREAUX *Offices*

Dans un appartement new-yorkais, sous le ciel de Manhattan, le jeune architecte Campion Platt
a aménagé pour une princesse malaise ce petit bureau qu'il a dessiné lui-même. Une pièce classique mais moderne au mur de laquelle trône le triptyque-autoportrait
de Francis Bacon. Les deux chaises (1930) sont de Warren McArthur.

High in the Manhatten sky, the young architect Campion Platt
has designed a small office for a Malaysian princess in a New York flat that is classical yet contemporary. A triple self-portrait
of Francis Bacon presides on the wall. The two 1930s chairs are by Warren McArthur.

PAGE PRÉCÉDENTE, À DROITE
Ici, afin d'utiliser un couloir très étroit, le bureau a été disposé entre deux
bibliothèques. Fauteuil de Le Corbusier. Store de lin blanc
recouvert d'un autre store bateau en toile de bâche. Bibliothèques en bois
cérusé. L'ensemble est d'une grande sobriété.

PREVIOUS PAGE, RIGHT
In order to use a very narrow corridor, the desk has been placed
between two bookcases. The chair is by Le Corbusier.
The white linen blind is covered by another boat style blind in canvas.
The bookcases are in tinted wood. The result is extremely tasteful.

Dans un immeuble parisien du XVIIᵉ siècle, au dernier niveau, sous le faîtage du toit,
se trouvent le bureau-bibliothèque du maître de maison et le coin gymnastique. Chaise et chaise longue de René Herbst, bureau de Franco Albini, lampe Tizio,
collection de Mumuyé du Nigéria, sculpture de Philippe Migno, tapis de Jean-Michel Wilmotte.

*On the top floor of a 17th century building in Paris, in the highest part of the room, under a sloping roof,
the owner has created a library-office and a gym corner. Chair and «chaise longue» by René Herbst, desk by Franco Albini, lamp Tizio, collection of Mumuye from Nigeria,
sculpture by Philippe Migno and rug by Jean-Michel Wilmotte.*

PAGE SUIVANTE
Dans sa maison de Normandie, le comédien Pierre Arditi
vit parmi des pêle-mêle d'objets
pleins de souvenirs comme cette série de petits cadres anciens où
figurent des êtres chers. Le double bureau est en pin.

FOLLOWING PAGE
*In his country house in Normandy, actor Pierre Arditi has surrounded
himself with objects that are precious to him, each
one incarnating special memories, like this collection of family portraits in
antique frames. The double desk is in pine-wood.*

A Paris, rue de Seine, chez le décorateur Jacques Le Guennec,
un bureau des années 40 en poirier noirci est placé devant une fenêtre habillée de stores lamellés.

At *interior decorator Jacques Le Guennec's home in the Rue de Seine,*
Paris, the 1940s black pear-wood desk stands in front of a window with slatted blinds.

BUREAUX *Offices*

A Paris, l'antiquaire Christian Sapet a créé son appartement dans un ancien atelier.
Ici, devant le canapé et les fauteuils Biedermeier en citronnier et bois noirci, une table des années 30 en acajou sur laquelle se trouvent livres et objets.
Sur l'étagère, trois masques – du Népal, d'Afrique
et de l'artiste Muller. Sur la paire de lampes des années 20, des abat-jour confectionnés par le jeune peintre Béraut.

*Antique dealer Christian Sapet has created his home in an old workshop in Paris. In front of a Biedermeier lemon and darkened
wood sofa and chairs, a 1930s mahogany wood table on which books and objects of art have been placed. On the shelf, three masks created by the artist Muller,
from Nepal and Africa. The lamp-shades on the 1920s lights, were designed by young artist Béraut.*

PAGE SUIVANTE
Dans ce bureau, les bibliothèques en noyer cérusé ont
été dessinées par le décorateur Didier Gomez qui a également
réalisé le double bureau afin que les propriétaires puissent
travailler en face à face.

FOLLOWING PAGE
*In this office, the bookshelves in tinted walnut
were designed by Didier Gomez.
Also by Gomez, the double desk designed, so that the
owners can work together facing each other.*

BUREAUX *Offices*

A Paris, place du Palais-Bourbon, dans un immeuble classé, le décorateur Christian Badin
a choisi pour la bibliothèque un bureau Régence en laque noire sur lequel se trouvent des natures mortes du peintre
Philippe Saalburg et un bougeoir Louis XV.

*In a listed building in Place du Palais Bourbon in Paris, interior designer Christian Badin
has chosen a black lacquered Regency desk for the library, up on which he has placed still life paintings
by Philippe Saalburg and a Louis XV candlestick.*

A Paris, dans l'appartement du décorateur Jacques Grange, la bibliothèque occupe le mur du fond. Sur les deux petites bibliothèques,
de chaque côté, sont posés deux bronzes en stuc (amazone et centaure). Devant la table en fer et ardoise (1950), fauteuil de Josef Hoffmann.

*In interior decorator Jacques Grange's home in Paris, the bookcase is on the far wall of the room. On each side of the bookcase, there are two bronze statues
in stucco (an amazonial and a centaur). In front of a 1950s iron and slate table, an armchair by Joseph Hoffmann.*

PAGE SUIVANTE

A Paris, dans le bureau du décorateur François Catroux (photographié
sous deux angles différents), une échelle permet d'accéder aux espaces au-dessus
des portes qui sont occupés par des bibliothèques en chêne teinté lazuré.
Au-dessus du canapé, tableau de Gondoin. A gauche, très beau fauteuil de Jansen.

FOLLOWING PAGE

*At interior decorator François Catroux's office in Paris (photographed
from two different angles), a ladder gives access to
the oak-stained bookshelves above the door. Behind the black sofa, a painting
by Gondoin. To the left, a very beautiful armchair by Jansen.*

BUREAUX *Offices*

A Londres, dans l'appartement de Joseph Ettedgui, homme de mode,
les Arts Déco épousent le style contemporain. Dans la partie bureau de ce vaste living-room, deux lampes de Perzel éclairent un bureau des années 30.
On aperçoit, au fond, le piètement en fer forgé et verre d'une vasque créée par André Dubreuil.

At fashion designer Joseph Ettedgui's home in London, Art Deco harmonises with contemporary style.
In the office part of this vast living room, a 1930s desk is illuminated by two Perzel lamps. At the far end of the room, one notices the glass
and wrought iron base of a bowl designed by André Dubreuil.

A Paris, chez le décorateur Yves Taralon, la table-bureau en chêne clair a été créée sur mesure pour dissimuler les dégagements qui conduisent vers d'autres bureaux. Sur le plateau, pêle-mêle, sont disposés des documents de travail, des livres ayant trait à la décoration et au jardin, deux sérigraphies, des assiettes et une lampe de bureau articulée en acier. Autour de la table, fauteuils en cuir pour les réunions.

In Paris at interior designer Yves Taralon's home, a light oak wood desk-table was especially designed to hide the passages leading to other offices. On the table, nonchalantly dispersed, various work documents, gardening and decorating books, two silk-prints, plates, and a desk light in articulated steel. Around the table, leather armchairs for meetings.

PAGE SUIVANTE

En Suisse, dans le canton de Vaud, les décorateurs Elizabeth Garouste et Mattia Bonetti ont imaginé ce bureau où flotte une atmosphère assez proche des films de Cocteau. Les murs de la bibliothèque sont doublés d'étagères encastrées dans des boiseries en chêne patiné. Sur les étagères, collection de vases de Murano des années 50. Les deux fauteuils et le bureau, dessinés par Elizabeth Garouste et Mattia Bonetti, sont en fer battu gainé de vachette assortie à la peau jetée sur le sol. Le parquet a été décapé et teinté ébène.

FOLLOWING PAGE

In the district of Vaud in Switzerland, interior designers Elizabeth Garouste and Mattia Bonetti have created an office that generates an atmosphere réminiscent of a Cocteau film. The bookcase walls are lined with bookshelves that fit into the patinated oak wood panelling. A 1950s' collection of Murano vases lines the shelves. Also designed by Garouste and Bonetti, the chairs and desk are made of beaten iron covered with cow-hide like the rug on the floor. The parquet floor has been sanded and polished to give an ebony look.

LES PLUS BELLES
Cheminées
THE MOST BEAUTIFUL
Fireplaces

PAGE DE GAUCHE

Le bureau-bibliothèque du styliste de mode Kenzo, à Paris. Devant le foyer de la cheminée en marbre déambule une famille d'éléphants en provenance de Thaïlande. Sur la tablette sont posés deux tableaux indiens représentant des scènes d'amour et une paire de chandeliers japonais du XIX° siècle. Au-dessus de la cheminée, un portrait d'un Amerindien, de Tzapoff, et, à droite, un confortable fauteuil recouvert d'une toile rayée rouge et blanc qui s'harmonise avec le tableau, les livres et le coussin.

LEFT PAGE

Fashion designer Kenzo's office-library in Paris. Standing on the base of this marble fireplace, a family of elephants from Thailand. On the mantlepiece, two paintings representing love scenes from India are framed by a pair of 19th century Japanese candlesticks. Above the fireplace a portrait of an Native-American by Tzapoff. To the right, a comfortable armchair upholstered in red and white striped material that matches the painting, books and cushions.

PAGE SUIVANTE

Le style «île de Ré» joue de la blondeur des bois naturels. Devant la cheminée du salon (encastrée dans un ensemble de placards en menuiserie comme le veut la tradition vendéenne), la chaise longue de Thonet déroule ses volutes. Sur le panneau central, au-dessus du manteau de la cheminée, une impressionnante vague déferlante dans son cadre en chêne a été chinée aux Puces de Paris. Au sol, un même carreau de grès moucheté vert-de-gris a été choisi pour cette pièce et la cuisine attenante.

FOLLOWING PAGE

The «île Ré» style is renowned for its use of light-coloured natural wood. In the lounge, in front of the fireplace (which is built into wooden panelling and cupboards - in true Vendian style), unfurl the curves of a chaise longue by Thonet. Above the mantlepiece in the central panel, framed in oak wood, an impressive painting depicting a thrashing wave that was picked up at a Parisian flea market. The floor in speckled «vert-de-gris» stone tiles was chosen for this room and for the adjoining kitchen.

PAGE DE GAUCHE

Cette cheminée en pierre a été dessinée par Guy Bontemps dans le
style 1930. Elle est encadrée du sol au plafond par deux longues
rampes lumineuses en ferronnerie noire. Les vases 1930 signés David,
à décor de lierre et de coloquintes, ont inspiré les coloris du salon.

LEFT PAGE

This stone fireplace was designed by Guy Bontemps in 1930s style.
It is framed from the floor to the ceiling by two black iron
ramps of light. The colours of this salon were inspired by the 1930s
vases decorated with ivy and gourdes designed by David.

PAGE SUIVANTE

Dans le salon du créateur de mode Kenzo, dans le quartier Bastille, à
Paris, la cheminée en marbre gris se fond dans le mur décoré
d'un tableau de Delamare. Sur le socle, également en marbre, deux
tigres japonais en bronze. A gauche, statue indonésienne.

FOLLOWING PAGE

In fashion designer Kenzo's lounge in the Bastille area in Paris, a grey
marble fireplace blends into the wall on which a painting by
Delamare has been hung. Standing on the base of the fireplace, also in
grey marble, two bronze tigers from Japan. Left, an Indonesian statue.

CHEMINÉES *Fireplaces*

Chez la galeriste Gladys Mougin, une cheminée en plâtre au décor végétal du sculpteur Laurence Montano
forme un ensemble avec le mur-trumeau situé derrière. La lampe et la boîte en bronze ainsi que le lustre en plâtre sont également
de Laurence Montano. A droite, fauteuil «Selmer Sheim» (début XXᵉ siècle).

*At gallery owner Gladys Mougin's home, a plaster fireplace with a vegetal motif
by sculptor Laurence Montano blends perfectly with the mantle wall behind it. The bronze box and plaster chandelier are also
by Laurence Montano. Right, armchair «Selmer Sheim», early 20th century.*

PAGE DE GAUCHE. Chez le styliste de mode Kenzo, à Paris, la cheminée occupe le centre de la pièce, s'affirmant ainsi comme principal élément du décor. Elle est ceinte d'un pare-feu en grillage métallique. Derrière, des portes coulissantes ouvrent sur une chambre avec tatamis, futon, lampe japonaise traditionnelle.

LEFT PAGE. At fashion designer Kenzo's home in Paris, the major decorative element in this room must surely be the fireplace. Standing in the centre, it is surrounded by a wire-mesh fire guard. The sliding doors behind the fireplace open on to a Japanese style room with futon and tatami floors.

CI-DESSOUS. Dans une maison blanche, en Tunisie, dans un univers clos créé dans les années 30 par deux grands esthètes, Violett et Jean Henson. De part et d'autre de la cheminée badigeonnée à la chaux, des vitrines où cohabitent sculptures et poteries.

BENEATH. Created by two great aesthetes, Violett and Jean Henson, in the 30s, a secret universe reigns in this white house in Tunisia. On both sides of the whitewashed fireplace, display cabinets which contain sculptures and pottery.

PAGE DE GAUCHE

Chez un collectionneur parisien, jeux d'angles droits
d'une grande et moderne simplicité. La cheminée est contemporaine
et peinte en «stucco» par Catherine de Decker. Y sont posés
trois sculptures «Raku» de François Belliard, deux tableaux du peintre
russe Victor Kulbak et un bougeoir de Brazier-Jones.

LEFT PAGE

At this collector's home in Paris, the straight angled fireplace is of a
simple and contemporary design, and has been decorated
with «stuc» by Catherine de Decker. Three «Raku» sculptures by
Francois Belliard, two paintings by Russian artist Victor
Kulbak and a candlestick by Brazier-Jones adorn the mantle piece.

PAGE PRÉCÉDENTE

Une soirée à la campagne.
Au dîner, la cheminée
conspire avec les bougies pour
jeter sur les cristaux et
l'argenterie des lueurs de fête.

PREVIOUS PAGE

An evening in the countryside.
During dinner, the fire
unites with the candles to create
dancing lights that rebound
off the cristal and silver-ware.

CHEMINÉES *Fireplaces*

Chez Joseph Ettedgui, un Français qui a su faire de ses boutiques
londoniennes de véritables références en matière de mode, la cheminée superpose trois encadrements.
Chaise dans le goût de Ruhlmann.

At Joseph Ettedgui's home – a Frenchman who has conquered London with his fashion boutiques – the fireplace
is made up of three superimposed frames. The chair is in Ruhlmann style.

CHEMINÉES *Fireplaces*

A Paris, dans l'ancien appartement
de la décoratrice designer Michelle Halard, la cheminée début de siècle est agrémentée
d'objets hétéroclites, chaises miniatures et jouets anciens.

I*n interior designer and decorator Michelle Halard's last flat in Paris, an early 20th century fireplace
is embellished with heterogenous objects, miniature chairs and antique toys.*

Un exemple réussi de cheminée
incluse dans une bibliothèque en hêtre massif, conçue par l'architecte Michel de Broin. Sur la cheminée,
le buste en plâtre est du sculpteur Philippe Anthonioz.

A successful example of a fireplace built into a solid beech bookcase, by archictect Michel de Broin. On the mantlepiece,
the plaster bust is by sculptor Philippe Anthonioz.

CHEMINÉES *Fireplaces*

A Paris, chez l'antiquaire Joëlle Mortier-Valat, une idée originale pour «relooker» une très classique cheminée en marbre blanc du XIXᵉ:
la peindre en trompe l'œil façon peau de léopard. Pêle-mêle, y trônent une lampe anglaise d'architecte (1910), une lithographie, "Tauromachie", de Pablo Picasso,
une paire de bougeoirs américains en bois, style Arts and Crafts, et un vase japonais en bronze du XIXᵉ siècle.

In Paris at antique dealer Joelle Mortier-Valat's home, a very original way of «doingup» his classical 19th century white marble fireplace
– it has been painted in 'trompe l'oeil' leopard skin. Dispersed nonchalantly, an English architect's lamp (1910), a lithography "Bull-fight" by Pablo Picasso,
a pair of Arts and Crafts type wooden candlesticks from America and a 19th century Japanese bronze vase.

PAGE DE DROITE

A Londres, dans une maison aménagée par les décorateurs anglais David Champion et
Anthony Collett, le bureau est fort en couleur. La frise, d'un ton bleu de paon,
est inspirée de carreaux d'Iznik. La cheminée en marbre noir et blanc est rehaussée d'une
très belle collection de paniers africains en provenance de Soweto.

RIGHT PAGE

In a house in London, decorated by David Champion and Anthony Collett, the office is brightly
coloured. The frieze, inspired by tiles from Iznik, is a shade of peacock blue. The black
and white marble fireplace is decorated with a beautiful collection of African baskets from Soweto.

CHEMINÉES *Fireplaces*

Spécialiste des années 40, l'antiquaire parisien Alexandre Biaggi fait de l'accumulation d'objets un principe décoratif.
Dans des mises en scène théâtrales qui exaltent un univers poétique très personnel, il collectionne toutes sortes d'objets sous forme de natures mortes. Ainsi, sur la cheminée, différents objets géométriques en zinc encadrent un tableau-objet anonyme en papier, fil de fer et cire. Devant, guéridon en fer de Jean-Michel Frank.

Specialist in the 1940s, Parisian antique dealer Alexandre Biaggi, has made his object collection into a decorative art.
His poetic universe is reflected in the theatrical arrangement of his diverse object collection and still lifes. Above the fireplace different geometric objects in zinc surround an anonymous painting-object in paper, iron wire and wax. In front, a small round iron pedestal table by Jean-Michel Frank.

PAGE DE DROITE

Au manoir de Cole Park, la décoratrice et designer Lady Weinberg a placé sa vieille demeure sous le charme d'un exotisme raffiné, d'habiles jeux de couleurs et rayures. Dans le salon, mariage d'objets de provenance et de styles très divers. Devant la cheminée, deux urnes en pierre sculptée (Portugal, XVIIIe siècle).

PAGE SUIVANTE

Grand amateur d'arts décoratifs, David Gill est un découvreur de talents qui a fait de sa galerie londonienne le repère des jeunes créateurs les plus divers. Chez lui, paire de chaises en acajou de Robsjohn-Gibbings (1940), paire de bibliothèques conçues par Syrie Maugham (1935) et chenets en bronze de Garouste et Bonetti (1989). Sur la cheminée, paire de girandoles, par Serge Roche (1930), coupe en argent par Richard Vallis (1933). Au mur, huile d'Eugène Berman encadrée par deux gouaches de Larry Bell (1990). Céramiques de Jean Cocteau, lampe «ananas» de Line Vautrin et table en acier sur un dessin de David Gill.

RIGHT PAGE

Interior decorator and designer Lady Weinberg's Manor house, Cole Park, has been cleverly decorated using different colours and styles resulting in refined and exotic taste. The salon is a collection of objects and styles with very differents origins. Two 18th century Poutuguese urns in sculpted stone stand in front of the fireplace.

FOLLOWING PAGE

David Gill, famous for discovering new talent, is a great admirer of decorative art. His London gallery includes some of the most upcoming new artists. At his home, two mahogany chairs by Robson-Gibbings (1940), a pair of bookcases designed by Syrie Maugham (1935). Bronze firedogs by Garouste and Bonetti (1989). On the fireplace, a pair of candelabras by Serge Roche (1930) and a silver bowl by Richard Vallis (1933). Between two watercolours by Larry Bell hangs an oil painting by Eugene Berman (1990). Ceramics by Jean Cocteau, «pineapple» lamp by Line Vautrin and a steel table designed by Gill.

LES PLUS BELLES
Bibliothèques
THE MOST BEAUTIFUL
Libraries

PAGE DE GAUCHE

Renaissance du Regency anglais, cette console coquille
en bois sculpté et laqué des années 40 voisine avec un fauteuil de grotte
vénitien du XVIII° siècle. Autour d'une boîte scientifique contenant
des cristaux de soufre (XIX°), le dessinateur Pierre Le-Tan a disposé une
collection de mains. Peinture (vers 1910) par Duncan Grant.

LEFT PAGE

Renewing interest in English Regency style, this 1940s sculpted wood
and laquered console in a shell form is placed next
to a Venetian armchair from the 18th century. Designer Pierre Le-Tan has
placed a collection of hands around this «scientific»
box that contains sulphur crystals. Painting (1910) by Duncan Grant.

PAGE SUIVANTE

A Paris, dans un duplex à Saint-Germain-
des-Prés, une bibliothèque spacieuse, où les tableaux
sont omniprésents, s'ouvre sur le vestibule.

FOLLOWING PAGE

A duplex in Saint-Germain-des-Prés,
Paris. A spacious library, where paintings are
omnipresent, leads into the hall.

PAGE SUIVANTE

En Belgique, vue plongeante sur une bibliothèque réalisée en pin.
Une lampe de postier éclaire un bureau allemand (début XIXᵉ). Quelques animaux
tiennent compagnie aux classeurs et aux livres qui garnissent
les étagères. Un chat doré, élément d'une console Biedermeier, a été rappporté de
Vienne. Découvert dans un marché londonien,
le pingouin est un objet d'art populaire du XIXᵉ, tandis que la vache polychrome
arrive tout droit d'Udaipur. Devant la fenêtre, le lampadaire date de 1930.
A l'étage, les murs sont couverts de deux fresques réalisées au pochoir par le
peintre belge Firmin Baes au début du siècle. Au premier
plan, un plâtre du sculpteur Caille et une série de statuettes indiennes.

FOLLOWING PAGE

*In Belgium, a close-up of a pine-wood bookcase. A postman's lamp
illuminates an early 19th century German desk. Several animals are dispersed
amongst the books and files that fill the shelves. A golden cat
from a Biedermeier console was brought back from Vienna. Found in a London
flea market, the penguin was a popular art object in the 19th century
and the polychrome cow comes directly from Udaipur. The lamp in front of the
window dates from the 1930s. A stencil technique has been used by
Belgian artist Firmin Baes to create the two frescos on the walls painted
at the beginning of the century. In the foreground there is
a plaster model created by the sculptor Caille, and a series of Indian statues.*

BIBLIOTHÈQUES *Libraries*

Une bibliothèque toute simple,
qui répète le même module de rangement. Elle est en hêtre, signée Philippe Berbesson.

*This modest beech-wood bookcase was designed by Philippe Berbesson.
The basic assembly system is recurrent.*

PAGE DE GAUCHE

Dans la maison du décorateur François Catroux,
les références à l'Afrique et aux années 30 et 40 sont innombrables.
Ici, la bibliothèque est en chêne teinté lazure.

LEFT PAGE

*In interior decorator François Catroux's home, references to African culture from the
30s and 40s are countless. Here, the library is in bluish tinted oak.*

PAGE SUIVANTE

En Angleterre, chez l'architecte-décorateur John Stefanidis. Dans l'aile centrale,
étroite et basse, l'entrée fait office de bibliothèque.
Des géraniums ployants, une datura, des plantes constamment renouvelées, forment
un lien harmonieux avec le jardin. Sièges dessinés par John Stefanidis.

FOLLOWING PAGE

*The entry of the low, narrow central wing of architect-designer
John Stefanidis's residence in England is used as a library. Hanging geraniums,
a datura and other plants are regularly renewed, thus creating
a harmonious link with the garden. The seats were designed by John Stefanidis*

BIBLIOTHÈQUES *Libraries*

En Belgique, un bel exemple de couloir aménagé en bibliothèque.
On remarquera les éclairages encastrés dans le plafond et les fauteuils en cuir de Charles Eames. Au premier plan, à droite, une échelle dogon.

*A beautiful example of a corridor used as a library in Belgium.
One notices the light fittings in the ceiling and the leather arm-chairs signed Charles Eames. On the right in the foreground, a dogon ladder.*

PAGE DE DROITE

Ces bibliothèques en sycomore ont été dessinées par le décorateur
Alain Gaucher. Elles encadrent les portes qui ouvrent sur toutes les pièces de
l'appartement. Pour rompre la monotonie, certaines étagères ont
été transformées en lutrins afin d'y poser des photos et y ouvrir quelques livres.
La hauteur du couloir est réduite par un faux plafond.
Les gravures aquarellées de Grandville soulignent l'harmonie des étagères.

RIGHT PAGE

*These sycamore wood bookshelves were created by designer
Alain Gaucher. They frame all the doors leading into the flat. To break the
monotony, some of the shelves have been transformed into lecterns
to put photos on and even browse some of the books. The floor covering
is parquet, and the false ceiling reduces the height of the corridor.
Watercolours by Grandville emphasise the harmony in these bookshelves.*

BIBLIOTHÈQUES *Libraries*

Chez Pierre Bergé, Président de Yves Saint Laurent Couture, dans le sud de la France, au cœur de Saint-Rémy-de-Provence, l'une des fenêtres du salon
est encadrée d'une paire de bibliothèques dénichées par l'antiquaire Estelle Réale-Garcin. Le charme de cette pièce provient de ces meubles
et objets hétéroclites accumulés par le propriétaire qui est un grand chineur.

*In the heart of Saint-Rémy-de-Provence in Southern France, at the home of Pierre Bergé, président of Yves Saint Laurent Couture, antique dealer Estelle Réale-Garcin has
framed one of the lounge windows with a pair of bookcases. The charm of this room lies in the collection of heterogeneous objects
and furniture that the owner has so delicately put together.*

Pour mettre en scène ses collections de tableaux et d'objets, le jeune collectionneur qui habite cet appartement au cœur de Saint-Germain-des-Prés
fit appel au décorateur Jacques Grange. Celui-ci paria sur la discrétion, celle des matériaux comme celle des couleurs. Des tons neutres mettent ainsi en valeur dessins, peintures
et livres, meubles Art Déco et des années 40. Une immense bibliothèque occupe tout un pan du mur du salon.
A droite, table (1925) d'Ernest Boiceau et secrétaire (1930). Piano (1920) en acajou, fauteuil à bascule (1910), fauteuil (1920) d'Ernest Boiceau, tapis suédois (1920).

A young art collector living in the heart of Saint-Germain-des-Prés, wishing to benefit from the objects around his home, has called upon the expertise
of interior decorator Jacques Grange. Discreet colours and materials were chosen by Grange to accomplish the above effect. Neutral colours are used to enhance the drawings,
oil paintings, books, 40s and Art Deco furniture. Here a huge bookcase covers an entire wall. Right, a table (1925)
by Ernest Boiceau and desk (1920). Mahogany piano (1920), rocking chair (1910), armchair (1920) by Ernest Boiceau, Swedish rug (1920).

PAGE SUIVANTE
A Paris, boulevard Saint-Germain, le décorateur François-Joseph Graf
a orchestré le désordre érudit et décontracté de cet agréable cabinet d'amateur.
Sur les murs de la salle à manger recouverts de flanelle rouge
foncé, collection de gravures de palmiers (1824) par un botaniste allemand.
Fauteuils anglais en ébène. Sur la table, entre les deux
portes qui conduisent à la bibliothèque, vase anglais du XIXᵉ en albâtre.

FOLLOWING PAGE
Designer François-Joseph Graf lives in the Boulevard
Saint-Germain in Paris. His dining room walls in this cleverly orchestrated
pastiche are decorated with dark red flannel and a collection
of palm-trees by a German botanist dating from 1824 are hung. The English
armchairs are in ebony. A 19th century alabaster
vase stands on a table between doors leading to the library.

PAGE DE GAUCHE

Chez la décoratrice Barbara Wirth,
une bibliothèque conçue
en plusieurs éléments hauts entre lesquels
on peut intercaler des fauteuils.
Sur les étagères, des tableaux créent une rupture
dans l'alignement des livres.

LEFT PAGE

At interior decorator Barbara Wirths' house,
the bookcase is made up of several
tall elements in between which chairs have
been placed alternately.
Paintings on the shelves break the linear aspect
between the display of books.

PAGE SUIVANTE

Une bastide au cœur de la Provence. Dans la bibliothèque,
les livres sont enfermés dans des vitrines
encadrées de boiseries. Ce meuble a été réalisé au XVIIIe siècle
dans l'esprit de celui du musée Calvet à Avignon.
Sur la table, couverture piquée provençale ancienne. Bougeoirs
munis d'abat-jour en tôle rapportés de Etats-Unis.

FOLLOWING PAGE

A country house in the heart of Provence.
The books in the library are displayed behind wooden framed glass
panels. This piece of furniture was created in the 18th century
and is reminiscent of the one in the Calvet museum, Avignon. The table
is covered in an antique provincial stich-work cotton cloth.
The candlestick holders and lampshades in metal come from America.

BIBLIOTHÈQUES *Libraries*

Dans un duplex à Saint-Germain-des-Prés, l'architecte Laurent Bourgois
a aménagé un salon-bibliothèque dans un espace mansardé. Sur la table basse, le canard est une reproduction en résine d'un original de Pompon (musée du Louvre).
Collection de boules en Bakélite, bois et ivoire, corne sculptée et céramique peinte.

*In a duplex flat in Saint-Germain-des-Près, architect Laurent Bourgois has created a bookcase
under sloping roofs. A resin reproduction of the Pompon duck (original in the Louvre museum) and a collection of balls in bakelite,
ivory, wood, sculpted horn and painted ceramic stand on the low table.*

BIBLIOTHÈQUES *Libraries*

En Suisse, cette pièce-bibliothèque est réalisée entièrement en cerisier (aussi bien les murs, les plafonds que le parquet). Elle a été conçue
par les décorateurs anglais David Champion et Anthony Collett pour accueillir livres d'art, photos et dessins. Elle ouvre sur un bureau qui donne sur le lac de Constance.
Autour de la table juponnée, éclairée par une suspension en bronze et verre (Collett-Champion), quatre fauteuils en cuir.

English designers David Champion and Anthony Collet created this library in Switzerland for art books, photographs and drawings.
It is built totally out of cherry-wood (the walls, ceiling and parquet floor). It opens into an office with a view of lake Constance. Four leather armchairs surrround
the table that is covered with a long tablecloth, all of which are illuminated by a bronze and glass light hanging (Collet-Champion).

PAGE DE GAUCHE

Pas toujours facile d'intégrer Hi-Fi et vidéo. L'architecte Jacques Gourvenec
a décalé la bibliothèque de 15 cm du mur pour lui donner
de la légèreté et surtout pour permettre à la partie centrale de tourner sur elle-même.
Grâce à cet espace, on peut faire pivoter cette colonne pour orienter
la télévision vers les différents angles de la pièce, voire l'escamoter complètement
en tournant le panneau à 180°. On se trouve, alors, en face
d'un panneau de bois plein sur lequel on peut accrocher des gravures.

LEFT PAGE

It is not always easy to incorporate a Hi-Fi and video.
Architect Jacques Gouvernec has advanced the bookcase 15 cms
from the wall. This not only softens the visual
aspect of the bookcase, but also permits the middle column to pivot round
and orientate the television, making it possible to totally
conceal it when turned at 180°. In this case, one discovers a solid wood
panel on which pictures can be hung.

PAGE SUIVANTE, À GAUCHE

Bibliothèques en noyer cérusé dessinées par le décorateur Didier Gomez.

FOLLOWING PAGE, LEFT

Close-up on tinted walnut bookcases created by designer Didier Gomez.

PAGE SUIVANTE, À DROITE

Dans une maison du XIXᵉ siècle, le décorateur Didier Gomez a aménagé une bibliothèque
dans une rotonde. L'intérieur des meubles est en ébène comme le parquet.
Les rideaux en toile doublée d'une soie bleu dragée, la petite table russe en acajou
et les profonds fauteuils donnent à cette pièce originale confort et intimité.

FOLLOWING PAGE, RIGHT

In a 19th century house, the library created by designer Didier Gomez
is situated in a circular room. Furniture and parquet are in ebony. The curtains
are lined with stormy blue silk, a small mahogany Russian table
and deep armchairs offer privacy and comfort in this unusual room.

BIBLIOTHÈQUES *Libraries*

Dans un ancien atelier parisien, l'antiquaire Christian Sapet accentue l'intimité de sa chambre par l'omniprésence
des livres. Il lui confère une atmosphère d'étude avec cette bibliothèque faite de planches de chantier disposées régulièrement du sol au plafond.
On y accède par une étroite et élégante échelle des wagons-lits anglais de la fin du XIXe siècle.

In an old Parisian work-shop, the omnipresence of books in antique dealer Christian Sapets' bedroom
reinforces his desire for intimacy. The bookshelves are made out of planks of wood evenly placed from the floor up to the ceiling.
An elegant end of the century narrow ladder from an old English sleeper train allows eay access.

A Paris, le décorateur Jacques Le Guennec a voulu que sa chambre soit le reflet de sa passion pour les livres et qu'elle intègre
une bibliothèque. En pin brut, elle a été dessinée par lui-même, tout comme les tables de nuit en hêtre peint et les lampes de chevet.
Dans le renfoncement recouvert d'une toile de bâche, un dessin d'architecture.

Interior decorator Jacques Le Guennec, who lives in Paris, wanted his bedroom to reflect his passion for books and te be incorporated into a bookcase Made
from pine-wood, he designed it himself and also the painted beech wood bed side tables and lamps.
The alcove above his bed is upholstered in canvas, and there is a drawing by an architect.

PAGE SUIVANTE

Astucieux, ce couloir-bibliothèque. Le décorateur Alain
Gaucher a tapissé les murs de livres sur des étagères en sycomore.
Un éclairage en bandeau met en valeur les gravures.

FOLLOWING PAGE

Extremely clever, this corridor bookcase! Designer
Alain Gaucher has lined the corridor with sycamore-wood bookshelves.
A strip of flexible light fittings illuminate the pictures.

LES PLUS BELLES
Vérandas
THE MOST BEAUTIFUL
Verandas

PAGE DE GAUCHE

Dans sa maison normande
du début du XIXᵉ siècle, le comédien Pierre
Arditi a fait aménager une véranda
dans laquelle on accède par le salon. Une cage
et un fauteuil en bois des îles
contribuent à créer une ambiance exotique.

LEFT PAGE

In his Norman house dating from the beginning
of the 19th century, the actor Pierre Arditi
has built a veranda which leads off the living room.
A tropical hardwood cage and armchair
help create an atmosphere tinged with exoticism.

PAGE SUIVANTE

Dans le sud de la Corse,
surplombant la Méditerranée et le maquis, voici
une vraie salle à manger d'été où
circule la brise du crépuscule. Dans les baies
coulissantes, les rideaux en coton
blanc, d'inspiration japonaise, volent joliment dans le vent.
Sur la table entourée de fauteuils
en teck, assortiment de bols chinois et japonais.

FOLLOWING PAGE

In the South of Corsica, jetting out over the sea
and the maquis, a real summer dining room
which welcomes the evening breeze. In the bay windows,
white cotton Japanese-style curtains flutter prettily
in the breeze. On the table surrounded
by teak armchairs, Chinese and Japanese bowls.

VÉRANDAS *Verandas*

CI-CONTRE, EN HAUT

Pas tout à fait dedans, pas tout à fait dehors, le préau est une pièce en plus qui donne un charme fou à la maison. Ici, en Provence, le préau a été rajouté à la maison au XIXe siècle. Originellement fermé au fond pour se protéger du mistral, il a été ouvert pour profiter de la vue sur le figuier et les vignes. Le banc provençal est une copie d'ancien. Sur la desserte, pots en terre cuite.

OPPOSITE, ABOVE

Not quite inside, not quite outside, the covered patio is an extra room which gives the house a lot of charm. Here, in Provence, the covered patio was added to the house in the 19th century. Originally shut off at the far end to protect it from the mistral winds, it was opened up in order to benefit from the view of the fig tree and the vineyards. The wrought iron Provençal bench is a copy of an antique model. On the sideboard, baked clay pots.

CI-CONTRE, EN BAS

Dans une grande maison en bord de Seine, typique du style Ile-de-France, le décorateur Christian Badin a imaginé dans un coin de la grange cet endroit abrité, idéal pour prendre une collation. Par des ouvertures aménagées dans le mur du préau, on découvre une enfilade de jardins.

OPPOSITE, BELOW

In a big house on the banks of the River Seine, typical of the Ile-de-France style, the interior decorateur Christian Badin has designed this sheltered place, ideal for having a light meal, in the corner of the barn. Through apertures created in the patio wall, one discovers the continuity of the gardens.

PAGE DE DROITE

Jouant du contraste de la toile de coton blanc, des mosaïques précieuses et des dalles de pierre, opposant la sophistication extrême à une sobriété presque rustique, la maison de Lord Rothschild, à Corfou, démontre magistralement que la simplicité peut aussi être un atout du grand luxe. Ici, un canapé est installé dans l'ombre fraîche d'un passage aéré.

RIGHT PAGE

Playing off the contrast between white cotton cloth and precious mosaics, matching extreme sophistication against an almost rustic sobriety, Lord Rothschild's house in Corfu brilliantly demonstrates the fact that luxury can be synonimous with simplicity. Here, a sofa is installed in the cool shade of an airy passage.

Près de Paris, en vallée de Chevreuse, cette maison du XVIᵉ siècle était sombre et austère.
La construction d'une véranda, en la plongeant dans la lumière, a réveillé la vieille bâtisse. De cet observatoire de verre et de cèdre rouge,
on découvre le jardin où cohabitent avec bonheur la géométrie des buis et la poésie des pommiers fleuris.
Ici, un fauteuil en rotin ancien et, sur fond de verger, variétés de philodendrons et de Dracaena marginata. Sur un meuble sarthois du XIXᵉ,
collection de formes à chapeau en bois d'essences variées.
Au centre, dans un très beau pot en pierre à pattes de lion, une fougère Pteris tremula.

Not far from Paris, in the Chevreuse valley, this 16th century house was sombre and forbidding.
The addition of a veranda has transformed this old building by letting in a lot more light. From this glass and red cedar conservatory, one discovers the garden,
where the geometry of the box trees and the poetry of the apple trees coexist in harmony. Here, an antique rattan
armchair and, against the background of an orchard, a variety of philodendrons and Dracaena marginata. On a 19th century piece of furniture from
the Sarthe region, a collection of hat-shaped objects made from different
types of wood. In the middle, a very beautiful stone pot with a lion paw base and a Pteris tremula fern.

Construite dans les années 60 dans le golfe de Saint-Tropez, cette maison a été conçue par le décorateur Jacques Grange pour profiter au mieux de l'été. La terrasse couverte donne sur la mer. Table de bois en teck de Jacques Grange. Tout autour, des fauteuils de Rietveld recouverts de toile ocre ou blanche.

Built in the 60's in the bay of Saint-Tropez, this house was designed by Jacques Grange to make the most out of the summer. The covered patio looks out over the sea. It is here, around a teak wood Jacques Grange table, that one has lunch. All around, Rietveld armchairs re-upholstered in ochre or white cotton.

Sous la terrasse couverte de la même maison que ci-dessus, le décorateur Jacques Grange a imaginé autour d'une table basse, en deçà du coin-repas, ce mélange étonnant de fauteuils en teck et de sièges africains.

In the same house, under the covered terrace, on this side of the dining room corner, the interior decorator Jacques Grange has arranged this astonishing mixture of teak armchairs and African seats around a low table.

En Nouvelle-Angleterre, dans les Hamptons, près de New York, dans une maison de rêve qui tient à la fois de la villa palladienne et de la datcha de luxe, on peut prendre le déjeuner sous une colonnade grande ouverte sur la nature. Le sol et les murs sont en planches peintes.
In New England, in the Hamptons, not far from New York, a dream house which at the same time ressembles a paladian villa and a luxurious dacha. One can have lunch under a colonnade which opens out onto a lovely landscape. The floor and the walls are made from painted planks of wood.

Dans les très chics îles Hamptons, la jolie demeure de bois de l'architecte d'intérieur Chesbrough Rayner combine le style luxueux de volumes monumentaux au charme simple d'une vraie maison de campagne. S'avançant dans le jardin, une terrasse couverte y est meublée de fauteuils traditionnels en rotin et de fauteuils américains en fer (fin XIXᵉ siècle).
Situated in the extremely chic Hampton islands, the pretty, wooden home of the interior designer Chesbrough Rayner combines the luxurious style of monumental volume with the simple charm of a real country house. Edging out over the garden, a covered terrace furnished with traditional rattan armchairs and American armchairs in iron from the late 19th century.

Les serres et vérandas sont d'élégants moyens d'intégrer le jardin tout en agrandissant la maison. Dans cet ancien garage où l'on remisait jadis un tracteur a été imaginée une serre contiguë à la maison. C'est là que travaillent Bruno Lafourcade, restaurateur de vieilles maisons, et sa femme Dominique qui dessine les plus jolis jardins de Provence.

Greenhouses and verandas are an ideal way to integrate the garden and enlarge it at the same time. An old garage, where a tractor used to be kept, has been converted into a greenhouse which leads off the house. This is now used as a work area by Bruno Lafourcade, who restores old houses, and his wife Dominique, who designs the prettiest gardens in Provence.

VÉRANDAS *Verandas*

PAGE DE GAUCHE ET CI-DESSUS. C'est le designer français Philippe Starck qui a imaginé les plans de cette maison de bois et de verre qu'il habite en région parisienne. La demeure est cernée par une véranda où l'on peut dîner, comme ci-dessus, ou prendre le frais, comme page de gauche, avec vue sur la forêt. Moment bucolique, idéal pour se relaxer dans le bon vieux canapé, le rocking-chair ou les chaises dénichés aux Puces. Accrochée sous le toit, belle comme une épure, la structure en frêne d'un kayak.

LEFT PAGE AND ABOVE. The designer Philippe Starck drew up the plans for his own glass and wood house in the Parisian area. The residence is surrounded by a veranda where one can dine (above), or get some fresh air (left), whilst admiring the view of the forest. A bucolic moment, perfect for relaxing on the wonderful old sofa, in the rocking chair or in the chairs unearthed in a flea market. Hanging underneath the roof, a beautiful ash wood kayak structure.

Dans l'île perdue de Moyo, en Indonésie, l'hôtel "Amanwana" est composé de tentes et de bungalows d'un luxe inouï.
Ici, sous un toit de chaume, un salon en pleine nature, lieu de détente et de lecture.
On the lost island of Moyo, in Indonesia, the Amanwana hotel is made up of bungalows and astonishingly luxurious tents. Here, beneath a thatched roof,
a living room in the middle of nature. It is a place for relaxing and reading.

Sur l'île Maurice, les varangues, sortes de vérandas des temps coloniaux, ont toutes les audaces et tous les styles (anglais, moghol, versaillais...). Celle-ci se situe sur le domaine de
Saint-Antoine et associe une colonnade digne d'un palais à la simplicité du rotin laqué. Le propriétaire de ce domaine, le comte de Grivel, organise ici des soirées «Grand Siècle».
In Mauritius, varanges, which are different sorts of verandas dating from colonial times, are fine examples of many different styles (English, Moghul, Versaillais, etc.). This one is situated
on the Saint-Antoine estate. Palatial proportions are combined with the simplicity of laquered rattan. Here, the owner of the estate, the Count of Grivel, hosts «17th century» evenings.

À Batusimbra, dans la baie de Sanur, à Bali, la chaleur peut rendre la vie difficile. Une maison ouverte sur la mer a résolu ce problème avec le vaste volume de ce bungalow-salon au toit de chaume où l'air circule librement. De larges banquettes en toile de bâche blanche, sur lesquelles ont été jetés des coussins de batik, entourent cet espace confortable.

At Batusimbra, in Sanur bay in Bali, the heat can make life difficult. A house that opens out onto the sea solves this problem as the vast dimensions of this bungalow-living room invite the breeze in. Wide window seats covered in white canvas sheets, on which batik cushions have been thrown, surround this comfortable area.

Couronnant les hauteurs de l'île Moustique, la maison de l'architecte suédois Arnie Hasselqvist marie le pin, le cèdre et l'eau, au cœur des Grenadines. Une légère brise circule sous le plafond en pin du Honduras. Les chaises et la table ont été dessinées par Arnie Hasselqvist et réalisées par des artisans locaux. Des tatamis recouvrent le sol.

Crowning the hills of Mustique, the Swedish architect Arnie Hasselqvist's house beautifully combines pine, cedar and water. Beneath the ceiling made from Honduras pine, one can enjoy the fresh breeze. The chairs and the table were designed by Arnie Hasselqvist and made by local craftsmen. One can walk barefoot on the tatami rugs placed on the floor.

155

Ce préau a été rajouté à une ferme cévenole pour protéger son entrée
des intempéries. Sur les piliers grimpent glycine et vigne vierge. Le sol est en briques
réfractaires et le toit en tuiles rondes anciennes.

*This covered patio was added on to a farm in the Cévennes to protect
its entrance from bad weather. Wisteria and Virginia creeper climb up the pillars.
The floor is made from fire-brick and the roof from antique pantile.*

VÉRANDAS *Verandas*

CI-CONTRE, EN HAUT

Aux environs de Paris,
les douceurs du
style Ile-de-France avec ce
préau qui prolonge l'art
de vivre hors de la maison.
Son toit a été
reconstruit pour faire suite
à son pendant. Cet
espace ferme la cour
qui sépare
la maison du jardin.

OPPOSITE, ABOVE

*On the outskirts of Paris,
the mellowness
of the Ile-de-France style
is demonstrated by
this covered patio which
extends the art of
living beyond the house.
Its roof has been rebuilt
to cover the entire patio
and it shuts off the
courtyard which separates
the house from the garden.*

CI-CONTRE, EN BAS

Un photographe de
mode a retrouvé
en Périgord, dans le sud
de la France, la
demeure de son enfance
pour y créer un
hôtel plein de
poésie. Dix chambres
au charme lumineux
ouvertes sur la nature, tout
comme l'est ce préau
enfoui sous le chèvrefeuille.

OPPOSITE, BELOW

*A fashion photographer
has returned to his
childhood home in Périgord
in the South of France
and has converted it into
a guest house full
of poetry. Dix charming
rooms full of light
which open out onto
nature just like this covered
patio hidden
under honeysuckle.*

PAGE SUIVANTE

Dans une bastide des
Alpilles, cette
orangerie, devenue un
salon d'été, est
un véritable conservatoire
de l'esprit
provençal. Au moment
de la restauration
de la propriété, la
maîtresse de maison
a eu l'idée de
faire appel au talent de
l'artiste argentin
Riccardo Cinalli et lui a
demandé de
peindre des fresques
en trompe l'œil
sur les murs. Assisté
par Gonzalo
Gorostiagi, il a réalisé
un étonnant décor
dans l'esprit de ceux qu'il
a imaginés pour
l'ambassade du Brésil et
le salon de thé
"Richoux", à Londres.

FOLLOWING PAGE

*In a country house
in the Alpilles,
this orangery, which
has become a
summer living room,
has a real
Provençal feel. Before
restoring the
property, the lady of
the house decided to
ask the talented
Argentinian artist
Riccardo Cinalli to paint
trompe l'œil
frescos on the orangery
walls. Assisted
by Gonzalo Gorostiagi,
he designed
an amazing decor in
the same vein
as his previous work
for the Brazilian
embassy and the
"Richoux"
tea-room in London.*

PAGE DE DROITE

Dans le sud de la France, cette ferme est flanquée
d'un préau, endroit recherché l'été, pour prendre le frais et avoir une vue
d'ensemble sur la plaine languedocienne.

RIGHT PAGE

*In the South of France, this farm is flanked
by a covered patio. In the summer, it is the perfect place to enjoy the fresh
air and the overall view of the Languedoc plain.*

LES PLUS BELLES
Cuisines
THE MOST BEAUTIFUL
Kitchens

PAGE DE GAUCHE

En France, sur les hauteurs de Nice,
la grande cuisine-salle à manger du château de Gairaut, avec son
extraordinaire plafond peint, a été installée par le
décorateur Jacques Grange dans un ancien bureau. Sous la
hotte, un authentique «piano» de professionnel. Lustre de famille en
cuivre (copie XIXᵉ d'un modèle hollandais du XVIIᵉ siècle), table
en bois et granit conçue par le propriétaire des lieux, Eric Poisson.

LEFT PAGE

In France, in the hills above Nice,
the large kitchen-dining room of the chateau Gairaut, with its
extraordinary painted ceiling, was installed in the old
office by the interior decorator Jacques Grange. A hob fit for a
professional! Family chandelier made from brass
(a 19th century copy of a 17th century Dutch model), and a wood and
granite table designed by Eric Poisson, the owner of the house.

PAGE SUIVANTE

En Belgique, le grand chef cuisinier Roger Souveyrens
et sa femme, la décoratrice Walda Pairon, ont installé leur cuisine pour
y prendre de vrais repas. La table a été dressée
en blanc, créant une atmosphère de fête avec un mélange subtil d'objets en
cristal et en métal argenté qui côtoient les ustensiles de la vie
quotidienne. Au premier plan, une réédition d'un banc de Lutyens, peint en
blanc, qui s'harmonise avec la laque des poutres.

FOLLOWING PAGE

In Belgium, the famous chef Roger Souveyrens and his wife,
interior decorator Walda Pairon, have arranged
their kitchen for intimate dinner parties. The table is laid with a white cloth
which helps create a festive atmosphere. Placed on the table,
a subtle combination of crystal and silver-plated objects alongside everyday
kitchen utensils. In the foreground, a replica of a Lutyens
bench, painted white, which goes well with the gloss on the beams.

Cuisines *Kitchens*

Chaises houssées et table juponnée pour une atmosphère feutrée de salon.
Cette cuisine, dans les tons de beige et de blanc, est en érable ciré. L'œil est aussitôt attiré par la hotte en cuivre qui surplombe les plaques de cuisson.
A gauche, les portes vitrées d'une rangée de placards laissent entrevoir un service de porcelaine blanche en Wedgwood.
Le plan de travail en granit noir est assorti au sol d'ardoises grises que recouvre un tapis de «seagrass». Cette cuisine a été dessinée par les décorateurs
Anthony Collett et David Champion pour un couple de Japonais.

Slipcovered chairs and a petticoated table help create a hushed atmosphere that is more often associated with a drawing room.
This kitchen, in beige and white tones, is made from waxed maple-wood. One is immediately drawn towards the splendid brass hood above the hob of the cooker.
On the left, the glass doors on the row of cupboards display a white porcelain Wedgewood crockery service.
The black granite worktop matches the slate-gray floor which is covered with a «seagrass» rug. This kitchen was designed for a Japanese couple
by the interior decorators Anthony Collett and David Champion.

A Londres, les décorateurs David Champion et Anthony Collett ne se sont pas contentés de réorganiser l'espace
de ce grand appartement victorien où se situe cette cuisine. Ils ont également dessiné une grande partie du mobilier, notamment ces placards en chêne
au-dessus desquels est disposée une rangée d'assiettes céladon entrecoupée de gerbes de blé qui cachent
des hauts-parleurs. Au premier plan, une très belle table Arts and Crafts, assortie aux chaises, évoque une cuisine de campagne.
Le tapis a été peint par Margaret Britz.

The interior decorators David Champion and Anthony Collett were not satisfied with just rearranging the layout of the kitchen
in this large Victorian flat in London. They also designed much of
the furniture, notably these oak cupboards above which a row of celadon plates, punctuated with sheaves of wheat to hide the loud speakers,
have been placed. In the foreground, a beautiful Arts and Crafts matching
table and chairs evoke a country kitchen. The rug has been painted by Margaret Britz.

PAGE SUIVANTE

Dans le sud de la France, à Arles, en Camargue,
dans une maison d'hôtes installée dans une manade,
la cuisine est demeurée, comme autrefois, la pièce à vivre.
C'est le cœur même de la maison. La table est une ancienne table de caviste.
Au fond, cuisinière à l'ancienne. Le lustre est une suspension
ancienne en cuivre, dénichée par la décoratrice Estelle Réale-Garcin.

FOLLOWING PAGE

In the South of France, in Arles, in the Camargue, the kitchen of this
guest house situated in a ranch has become, like in the old days,
the main living room. This room is in fact the heart of the house.
The table is an antique cellarman's table. In the background, an antique
cooker. The chandelier is an antique brass
suspension, unearthed by the interior decorator Estelle Réale-Garcin.

CUISINES *Kitchens*

En Provence, près de Tarascon, dans la maison de vacances de Terence Conran,
créateur des fameux magasins "Habitat" et "The Conran Shop", la cuisine est la pièce conviviale par excellence. On y prépare les repas et on y déjeune sur l'immense table
de chêne réalisée, ainsi que la table à découper, par Benchmark Limited (atelier de menuiserie que Terence Conran a monté près de Londres).
Il a lui-même dessiné le mur de rangement, inspiré des vaisseliers anglais, en y ajoutant une idée lumineuse: les miroirs encastrés et inclinés qui doublent l'image des objets posés
sur la console de marbre. Tous les sièges ont été chinés dans la région et proviennent de l'administration française.
Au sol, dalles de pierre de Chassagne, dans les Charentes.

In Provence, not far from Tarascon, in the holiday home of Terence Conran, the man who founded Habitat and The Conran Shop,
the kitchen is the most convivial room of all. Here, meals are prepared and lunch is served on the huge oak table designed, like the carving table, by Benchmark Limited
(a carpenters' workshop set up by Conran and situated not far from London). Conran himself designed the storage unit running along the wall,
which was inspired by English dressers, and added a brilliant touch: built-in and inclining mirrors which reflect the objects placed on the marble console. All the seats were
dyed in the region and come from the French Civil Service. On the floor, flagstones from Chassagne in the Charentes region.

Les hôteliers Christine et Michel Guérard ont choisi, pour son côté rétro, cet imposant fourneau.
Le charme de l'ancien se retrouve aussi dans divers objets: la balance de grainetier, la robinetterie, les casseroles en cuivre, le pot au feu pour
cuire, comme autrefois, les fonds de sauce. Au-dessus du fourneau, une huile représentant un chien face au port de Bordeaux (1850).

*The hoteliers Christine and Michel Guérard chose this impressive stove for its retro look. Old-fashioned charm is also found
in other objects here: the scales for weighing grain, the taps, the copper pans and the cauldron used for preparing sauces, like in the old days. Above the stove,
an oil painting dating back to 1850 which depicts a dog looking at the harbour in Bordeaux.*

CUISINES *Kitchens*

A Paris, chez le publicitaire Bernard Roux. Une ambiance de vacances dans cette cuisine couleur céladon.
Au centre, un meuble recouvert de stratifié partage la pièce en deux. Le plan de travail a été recouvert de wengué afin de créer une harmonie avec le sol. Il dissimule,
à gauche, un grand évier en acier inoxydable. Hauts tabourets rapportés des Etats-Unis et presse-agrumes dessiné par Philippe Starck.

In the Parisian home of the advertising executive Bernard Roux, a holiday atmosphere in this celadon-coloured kitchen. In the middle, a veneered piece
of furniture which divides the room in two. The worktop has been decorated in wengué wood and coordinates with the floor. To the left, it conceals a large stainless steel sink.
Bar stools brought back from the United States and fruit-squeezer designed by Philippe Starck.

PAGE DE GAUCHE

Dans les Hamptons, près de New York,
chez le grand couturier Calvin Klein et sa femme Kelly, la cuisine dégage une
atmosphère de charme et de rigueur très Nouvelle-Angleterre.
Particulièrement mis en valeur dans cette pièce, le sol ancien composé de
larges lames de pin massif noirci et luisant comme de l'ébène.

LEFT PAGE

In the Hamptons, not far from New York, in the house
of the famous fashion designer Calvin Klein and his wife Kelly, the kitchen
has a charming and meticulous New England look. The antique
floor made up of wide, solid pine strips which have been darkened to an
ebony shine, is set off very well by the rest of the room.

PAGE SUIVANTE

Le style campagne aux portes d'Amsterdam avec cette cuisine
typique de l'esprit traditionnel hollandais aménagée dans une ancienne remise
à carrosses. Les meubles ont été peints dans ce bleu particulier aux
cuisines anciennes locales. Toutes les compositions réalisées à partir d'objets
anciens et hétéroclites sont l'œuvre de Suzanne Tess, la propriétaire.

FOLLOWING PAGE

A country-style look at the gateway of Amsterdam with this kitchen,
a typical example of traditional Dutch decor, situated in an old converted coach
shed. The furniture has been painted in the same blue used for
kitchens of the past. All the compositions made from antique and miscellaneous
objects are the work of Suzanne Tess, the owner of the house.

Forte personnalité de la décoration et du design, Andrée Putman habite un loft à Paris dans lequel la cuisine ouvre sur une terrasse.
Elle est éclairée, le jour, par de vastes verrières et, la nuit, par de simples lampes de ferme à contrepoids. Ici, tout est visible et facilement accessible. Sous un accrochage
à l'anglaise qui mélange des œuvres diverses, notamment celles de Niki de Saint-Phalle et Bram van Velde,
sièges de Kohn et, à gauche de la porte d'entrée, fauteuil de Thonet. Sur la table, deux bougeoirs végétalistes des années 1900.

*An important person in the world of interior decoration and design, Andrée Putman lives in a loft in Paris where the kitchen
opens out onto a balcony. In daytime, light enters through the vast glass roof and at night, the room is lit by practical counterweight farmhouse lamps. Here, everything
is visible and easily accessible. Underneath an English-style hanging which combines works
by different artists, notably Niki de Saint-Phalle and Bram van Velde, there are seats by Kohn. On the left, near the entrance, a Thonet armchair.
On the table, two candleholders from the early 1900s.*

CUISINES *Kitchens*

Créatrice de boutiques consacrées aux arts de la table dans le monde entier, Geneviève Lethu aime se ressourcer dans sa maison de l'île de Ré.
Pour cette cuisine «semi-professionnelle», chaque poste a été conçu de façon pratique. Au sol, dalles de granito vert chiné, faciles d'entretien. Murs et placards de rangement sont
en bois de coffrage, peint en blanc mat, excepté le meuble-bistrot (à droite) en acajou avec étagères en Inox et verre. Le plateau de la grande table est en pierre
des Charentes. Tout autour, réédition de chaises Thonet. Dans le fond, à côté du réfrigérateur américain, plan de travail et revêtement du mur sont en Inox. L'évier, placé sous la
fenêtre, est flanqué d'une batterie de casseroles et de poêles. Un œil de bœuf permet de profiter de la lumière du couchant.
Sur la table, quelques spécialités locales dont la «jonchée», un délicieux fromage frais, moulé dans des joncs du marais, et des poissons cuits dans leur croûte de sel marin.

Head of a chain of boutiques which are devoted to the art of entertaining all over the world, Geneviève Lethu likes to recharge
her batteries in her house on the Ile de Ré. For this «semi professional» kitchen, everything is designed to be practical and efficient. On the floor, granite flagstones,
easy to keep clean. All the storage units are made from box wood and painted in white matt, except for the the bar-style mahogany piece
of furniture (right) which has stainless steel and glass shelves. The top of the large table is made from stone from the Charente region. All around, exact copies of Thonet chairs.
At the far end, next to the American fridge, stainless steel worktop and wall covering. The sink beneath the window is flanked by an array
of saucepans and frying pans. A bull's eye in the wall allows one to enjoy the light at sunset.
On the table, various specialities of the region, for example, «jonchée», a delicious fromage frais, pressed in rush molds, and fish baked in a sea salt crust.

PAGE SUIVANTE

À l'extrême sud de la Corse, dans une maison
de cèdre rouge largement ouverte sur la mer, la cuisine combine de façon
originale l'aluminium et le bois. En aluminium, des portes de comptoir
de bistrot ferment les placards de rangement. Autour de la table en pin, chaises
américaines ultralégères, en aluminium elles aussi.

FOLLOWING PAGE

In the southernmost part of Corsica, in a red cedar house
with a view of the sea, the kitchen combines aluminium and wood in a very
original way. Here, aluminium doors, normally found behind
the bar of a bistro, have been used as doors for the storage units. Around the
pine table, ultra light American chairs, also made from aluminium.

Cette grande cuisine carrée, créée par les décorateurs David Champion et Anthony Collett, est centrée sur la fenêtre aux stores à lamelles de bois. Le plan de travail est en granit noir et la crédence en carreaux de céramique vert vif. Les meubles en chêne répondent au plateau de la table centrale en chêne ciré dont les pieds ont été peints en rouge brique.

This large square kitchen, designed by the interior decorators David Champion and Anthony Colett, is centred around the window. The worktop is made from black granite and the credence sideboard from bright green ceramic tiles. The oak furniture matches the waxed oak top of the central table. The table legs have been painted in brick red.

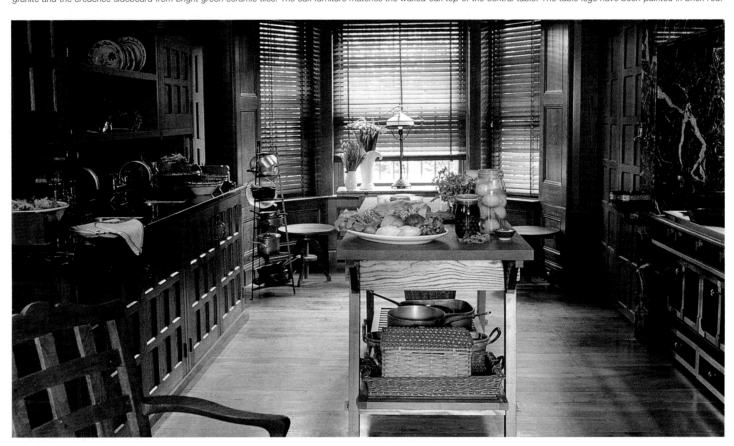

D'esprit classique, solide et fonctionnelle, cette cuisine a été dessinée par l'architecte Anthony Collett et réalisée par John Spencer dans un très beau chêne. Le plancher seul est en orme ciré. Plan de travail en marbre noir. A droite, cuisinière française en fonte.

Classic, solid and functional, this kitchen was designed by the architect Anthony Collet and made entirely from beautiful oak by John Spencer. The exception is the waxed elm floor. Black marble worktop. On the right, a cast-iron French cooker.

En Belgique, cette cuisine, très traditionnelle d'esprit, a un charme provincial. Les carreaux blancs biseautés du soubassement s'harmonisent
avec le carrelage en damier, la table et les meubles recouverts d'une faïence blanche. Chaises de Thonet.
In Belgium, this traditional-style kitchen has a provincial charm. Contrasting with the white bevelled tiles of their bases and coordinating with the checked tiled floor,
the table and the furniture are re-covered in white earthenware which soaks up the light. All around, Thonet chairs.

Sur les hauteurs de Genève, dans une maison dessinée par l'architecte Rémi Tessier, la cuisine est un bel exemple de luxe discret combiné à un esprit de rigueur. Réalisée
en merisier, elle est sobre, et ouverte. Les rangements méthodiques, les tiroirs multiples, sont inspirés par le style Shaker.
In the hills above Geneva, in a house boldly designed by the architect Rémi Tessier, the kitchen is a fine example of understated sophistication combined with a meticulous and disciplined
style. Made from cherry wood, the room is sober, functional and open. The methodical storage space and the numerous drawers draw their inspiration from the Shaker style.

181

CUISINES *Kitchens*

A Paris, chez Marie-Jo Maze-Censier, connue pour les abat-jour qu'elle crée depuis des années,
la cuisine, située au sous-sol, est si grande et si conviviale avec sa vieille cuisinière que c'est là qu'elle reçoit ses amis à dîner en y dressant des tables
très raffinées et joliment éclairées par des luminaires de sa confection.

In Paris, at the home of Marie-Jo Maze-Censier, who is famous for the lampshades she has designed for years now.
The kitchen, with its old cooker, is situated in the basement and is so large and convivial
that it is here that Marie-Jo entertains dinner guests and sets a very sophisticated table which is prettily lit by her lamps.

PAGE PRÉCÉDENTE
Le vrai chic campagnard dans un moulin en Ile-de-France.
La cuisine a été conçue avec la complicité de l'architecte d'intérieur Alain
Raynaud. Les placards en tôle peinte en noir
ont été réalisés sur mesure, le sol recouvert de tomettes de récupération et le plan
de travail carrelé bleu et blanc. Sur le manteau de la cheminée
sont alignés des photophores en fonte et une collection de théières japonaises.
Chaises anglaises anciennes en bois naturel recouvertes
de galettes, table de boucher d'origine anglaise et longue table anglaise en pin.

PREVIOUS PAGE
A really chic country-style look in an Ile-de-France windmill.
The kitchen was designed with the help of the interior designer Alain Raynaud.
The metal cupboards painted in black were made to
measure, the floor was re-covered in salvaged hexagonal floor tiles and
the kitchen worktop has been tiled with a blue and white design. Cast-iron candle
holders and a collection of Japanese teapots are lined up
on the mantlepiece. Antique English natural wood chairs re-upholstered in cushions,
butcher's table of English origin and long English pine table.

A New York, dans une maison de Greenwich Village, l'espace cuisine a été exploité au mieux pour y prendre les repas. A gauche, la fenêtre est joliment
flanquée, de part et d'autre, de placards qui servent à ranger les verres et la vaisselle. Ils forment comme une alcôve autour de cette fenêtre au pied de laquelle une petite vitrine
en métal accueille différents objets. Tableau de Jeffry Holder.

*In a house in Greenwich Village, New York, the most has been made of this room so that it is possible to both cook and eat in it.
On the left, the window is prettily flanked on both sides by cupboards for storing glasses and crockery. They form an alcove around this window underneath
which a small display cabinet contains different objects. Painting by Jeffry Holder.*

PAGE SUIVANTE, À GAUCHE
A Paris, dans la maison du décorateur François Catroux,
la cuisine est en chêne et conçue pour qu'on puisse y dîner à plusieurs.
Elle ne manque ni de style ni d'astuces avec,
notamment, ce grand casier à bouteilles suspendu au-dessus d'une table
à géométrie variable en fonction du nombre des convives.

FOLLOVING PAGE, LEFT
*In the Parisian house of the interior decorator François Catroux,
the oak kitchen has been designed so that several people can dine at the
same time. It has both stylish and ingenious features,
especially this bottle rack which is suspended above a table whose size and
shape can be varied according to how many guests are present.*

La cuisine de Jean Feldman, publicitaire à Paris, combine le sens pratique et l'esthétique. Autour de la table, sièges de café en aluminium. Au premier plan, tabouret américain et plateau roulant en Inox. Au fond, armoire frigorifique transparente et distributeur à Coca-Cola des années 50.

The kitchen belonging to Jean Feldman, the director of a large advertising agency in Paris, is practical and aesthetically pleasing. Around the table, aluminium bistro-style chairs. In the foreground, a transparent refrigerated cupboard and a 50s Coca-Cola vending machine.

Directeur artistique, sculpteur, designer, Christian Astuguevieille a créé dans son appartement parisien un étrange mobilier en corde. La cuisine, à l'atmosphère provinciale, fait office de salle à manger. Les deux tables, au piètement de chanvre et plateau de châtaignier, peuvent être réunies ou utilisées séparément comme table et desserte. Sobre et fonctionnel, le coin évier a été recouvert de carreaux.

In his Parisian flat, the artistic director, sculptor and designer Christian Astuguevieille has used rope to make some unusual furniture. The kitchen, which has a provincial feel, is also used as a dining room. The two tables, with hemp bases and chestnut tops, can be joined together or used separately as a table and a sideboard. Sober and functional, the sink area has been re-covered with tiles.

Cuisines *Kitchens*

Dans cette maison en bord de Seine conçue par le designer Philippe Starck pour le publicitaire Bruno Le Moult, la cuisine d'aspect
monumental sert aussi de salle à manger. Les tables et les chaises sont de Starck, la coupe en verre de Marco de Gueltzl et les chaises en fer de Marc Brazier-Jones.

In this house on the banks of the River Seine, designed by Philippe Starck for the advertising executive Bruno Le Moult,
the monumental-style kitchen doubles as a dining room. Tables and chairs by Starck, glass bowl by Marco de Gueltzl and iron chairs by Marc Brazier-Jones.

PAGE PRÉCÉDENTE

Dans une maison victorienne, les décorateurs David Champion et Anthony Collett,
jouant des matériaux naturels et créant des meubles d'un style vigoureux,
ont imaginé cette cuisine spectaculaire au sol constitué de larges planches d'orme.
La cuisinière française est encastrée dans un espace recouvert de marbre vert.
On remarquera le lustre étonnant conçu pour y accrocher les ustensiles de cuisine.

PREVIOUS PAGE

In a Victorian house, the interior decorators David Champion
and Anthony Collett have juggled natural materials and designed bold furniture
to create this spectacular kitchen. The floor is made
from elm planks and the furniture from oak. The French cooker fits into
a space re-covered with green marble. One can not help noticing
the extraordinary chandelier, designed so that kitchen utensils can be hung from it.

PAGE DE DROITE

Près de la Bastille, à Paris, la décoratrice
Nicole Lehmann a organisé une mise en scène très «années 30» avec
des plafonds de verre et des claustras japonais. Dans la
cuisine, sols et plafonds jouent la transparence et la frise de carreaux,
au sol, reprend les couleurs de base de la pièce.

RIGHT PAGE

In Paris, not far from the Bastille area,
interior decorator Nicole Lehmann has created a very
30s decor with glass ceilings and
Japonese trellised mobile screens. In the kitchen, floors and
ceilings are totally plain and the tile frieze,
on the floor, continues the basic colour scheme of the room.

CUISINES *Kitchens*

Le décorateur François-Joseph Graf a conçu pour cet appartement parisien une cuisine à la fois classique
et contemporaine. Lumineuse, elle constitue un point de rencontre et sépare le versant jour (salon et salle à manger) du versant nuit (chambres et salles de bains).
Elle s'intègre à l'ensemble de l'espace par ses fenêtres ouvertes sur le couloir et par le plancher en chêne clair commun à toutes les pièces.

*In this Parisian flat, the interior decorator François-Joseph Graf has designed a kitchen that is both classical and contemporary. Bathed in light, it is used
as a central meeting point and separates the daytime part of the flat (lounge and dining room) from the night-time part (bedrooms and bathrooms). With windows that open
out onto the corridor and a clear oak floor that is found in all the rooms, the kitchen fits in perfectly with the rest of the flat.*

PAGE SUIVANTE

Près de Paris, la maison du designer Philippe Starck comporte un salon largement
ouvert sur la cuisine. La table ovale et les chaises hautes ont été réalisées
par Jean-Denis Coat. Le plan de travail, orienté vers la lumière, est flanqué d'étagères
en bois teinté foncé et de placards bas laqués blanc avec de simples
poignées chromées, le tout exécuté sur mesure. Lustre en verre de Venise, vaisselle
japonaise, bocaux à graines, vase de Borek Sipek et bougeoirs de Mathias.

Les pièces mansardées ont l'esprit bohème et un charme fou. Ici, la cuisine du décorateur Marc Held, à Paris, reflète son goût pour la perfection
du détail et son esprit pratique: le bloc cuisine, en forme de comptoir, est recouvert de contreplaqué marine. Pour gagner de la place, l'un des côtés peut s'escamoter car tout
a été mis en œuvre pour utiliser l'espace sans nuire au confort. Dans le fond de la pièce, des rayonnages suivent
également la pente du toit sous laquelle, à l'endroit le plus bas, Marc Held a installé sa table de salle à manger qui lui sert de plan de travail et de bureau.

Attic rooms often have a bohemian look and lots of charm. Here in Paris, interior decorator Marc Held's kitchen reflects his sense of perfectionism
and his practical personality. The kitchen unit, in the shape of a bar, has been re-covered in marine plywood. To make more room, one of its sides can be folded away
in order to use the space without minimizing comfort. At the back of the room, the shelves follow the slope of the roof.
Underneath the roof, where the ceiling is at its lowest, Marc Held has installed a dining table which he also uses as a worktop and a desk.

FOLLOWING PAGE

Not far from Paris, inside the designer Philippe Starck's house, the lounge opens out onto the kitchen.
The oval table and the chairs were designed by Jean-Denis Coat. The worktop, fitted next to the window to
benefit from the light, is flanked on either side by wooden shelves that have
been stained a darker colour and by white gloss low cupboards with simple chrome handles.
Everything, of course, has been made to measure. Chandelier made from
Venice glass, Japanese crockery and grain jars, a Borek Sipek vase and Mathias candlesticks.

LES PLUS BELLES
Piscines
THE MOST BEAUTIFUL
Swimming pools

PAGE DE GAUCHE

A Paris, chez le créateur de mode japonais
Kenzo, ombre et lumière, reflets multiples et mouvants
créent la magie du lieu. Un chemin de teck
court tout autour du bassin. Sur le mur du fond,
une série de gravures de la campagne
d'Egypte de Napoléon. L'éléphant vient de Bangkok.

LEFT PAGE

Shimmering light and shadows, multiple reflections
and movement – the magic of Kenzo's home
in Paris. A pathway in teak surrounds the pool. On the far
wall, a series of engravings representing Napoleon's
campaign in Egypt. The Elephant comes from Bangkok.

PAGE SUIVANTE

Surplombant la mer, vouée aux délices
du farniente et du soleil, une
piscine à Saint-Barthélemy avec vue sur la mer
des Caraïbes. L'espace à perte de vue.

FOLLOWING PAGE

Overlooking the sea, dedicated to «faniente»
under a tropical sun, a swimming pool in St-Bart's in the
Carribean Islands with a never-ending horizon.

PISCINES *Swimming pools*

A Tanger, au Maroc, dans la propriété de la princesse Fatima Al Sabah,
une piscine creusée à même le roc. De couleur sombre, elle s'intègre à merveille, tout comme le pavillon, dans le paysage méditerranéen.

On Princess Fatima Al Sabah's property in Tangiers,
a dark coloured swimming pool has been dug directly out of the rock, with the pool house, they blend perfectly into the mediterranean landscape.

PAGE DE GAUCHE

Si les maisons de Marrakech ont conservé leur âme, c'est en partie à Bill Willis
qu'elles le doivent. Cet architecte américain les restaure et les construit
depuis plus de trente ans qu'il s'est exilé dans un des palais de la médina. Dans
le patio en mosaïques de sa maison située au cœur de la palmeraie,
Bill Willis a creusé un bassin-miroir qui fait office de piscine. Alimenté à ses
extrémités par deux fontaines, il apporte à cet endroit le calme et la fraîcheur.

LEFT PAGE

If the houses in Marrakesh have preserved their souls, it's partly due to
Bill Willis. For the past thirty years, this American architect, who has exiled himself
to a palace in the Medina, builds and restores them. Bill Willis has dug
a reflecting pool in the mosaic patio of his house. It is surrounded by palm trees
and the water is supplied by a fountain at each end.

PAGE SUIVANTE

A l'extrême sud de la Corse est édifiée une
maison dans le style californien. Le deck comme la maison sont
en cèdre rouge patiné par le temps et le toit est
constitué de *shingles*. Devant la piscine où trônent les fameux
fauteuils «Adirondacks» américains,
une chambre d'amis a été aménagée dans un bungalow.

FOLLOWING PAGE

A Californian -style house has been built in the extreme South
of Corsica. The house and deck are made of red cedar wood that has
been patinated by time and the roof is in shingle. In front of the
swimming pool a guest room has been built in a bungalow. Placed around
the pool, famous «Adirondacks» deck-chairs from America.

PISCINES *Swimming pools*

Au Brésil, creusée dans le roc sombre et volcanique, cette piscine sur pilotis s'avance au-dessus de l'Atlantique. Deck et ponton sont en cèdre, traité comme les coques de bateau pour résister aux embruns.

Built on pilotis overlooking the Atlantic sea in Brazil, this swimming pool has been dug out of dark volcanic rock. To resist sea-spray, the deck and landing stage are in treated cedar wood using the same methods as for the hull of a boat.

PAGE PRÉCÉDENTE, EN HAUT
Au Cap-d'Ail, le pourtour de cette piscine est constitué de larges dalles de pierre. De forme sinueuse, ce plan d'eau semble conduire vers l'arche antique, invitation au voyage en haute mer.

PREVIOUS PAGE, ABOVE
In Cap-d'Ail, the border around the swimming pool is made out of large stone slabs. The sinuous shape of this pool seems to lead to the antique archway, an invitation for a journey on the high seas.

EN BAS
Tout le charme de la Provence flotte autour de la piscine de la décoratrice Estelle Réale-Garcin, près de Gordes. Une végétation luxuriante aux odeurs de maquis entoure la maison de bains aménagée dans une dépendance datant du XVIIIe siècle. De larges dalles de ciment rose s'étalent en terrasse jusqu'à la margelle blanche.

BELOW
Provincial charm exudes from this swimming pool near Gordes, designed by interior decorator Estelle Réale-Garcin. Surrounded by luxurious vegetation that exhales odours of the dense forest, the pool house is situated in an 18th century outbuilding. Large slabs of pink cement continue toward the terrace up to the white well stones.

Construite sur les hauteurs de Juliana, dans l'île de Saint-Barthélemy, la maison de Patrick Demarchelier est avant tout un lieu de vacances pour ce photographe de mode français installé à New York. La piscine, qui prolonge le salon, semble flotter dans le vide au-dessus de la baie et du port.

French fashion photographer Patrick Demarchelier, who lives in New York, has had this holiday residence built on the heights of Juliana on the Island of Saint-Barthélemy. The swimming pool is an extension of his living room and its construction gives the impression of it floating above the port and bay.

PAGE SUIVANTE
Président de Yves Saint Laurent Couture, Pierre Bergé aime se ressourcer dans son mas provençal du XVIIIᵉ siècle. La piscine y est ombragée par de grands parasols et des oliviers cultivés dans des bacs à oranger. Au fond, la construction en rotonde est recouverte d'un crépi ocré.

FOLLOWING PAGE
Pierre Bergé, director of Yves Saint-Laurent Couture, finds calm and tranquility in his 18th century country house in Provence. The swimming pool lies under the shade of wide parasols and olive trees grown in orange cases. The round building, at the far end, is decorated with ocre colour roughcast.

En France, cette grange qui servait autrefois à abriter tout le matériel agricole a été récupérée avec l'idée d'y construire une piscine couverte. L'architecte Antoine Adda a utilisé principalement de la brique pour les murs et les soubassements et du teck pour le pourtour de la piscine. L'espace est fermé sur les côtés par un double vitrage afin de garder la température de l'eau à 25° C pendant l'hiver. L'été, de larges baies peuvent s'ouvrir sur un solarium réalisé dans le même teck qu'à l'intérieur.

In a farm in France, a barn whose original purpose was for storing farming material, has been transformed into a swimming pool. Architect Antoine Adda has mainly used bricks and wood as building material, bricks for the walls and base, wood for the frame work. Teak surrounds the pool. The swimming pool can also be used during the winter, as double glazing has been fitted maintaining the temperature at a constant 25°. In summer, large bay windows open on to a solarium that is built out of the same teak as inside.

PAGE PRÉCÉDENTE

En Suisse, au bord du lac de Constance, les décorateurs anglais Anthony Collett et David Champion ont conçu une piscine architecturée comme des thermes romains. Elle est située sous la terrasse principale, côté lac, et ouvre des deux côtés sur une partie du jardin. Le bassin est en granit noir tandis que son pourtour est en dalles de granit brut. Les murs et les colonnes sont recouverts de stucco. Les deux chaises ont été dessinées par Collett et Champion.

PREVIOUS PAGE

At the edge of Lake Constance, in Switzerland, interior decorators Anthony Collett et David Champion have designed a swimming pool in a style reminiscent of the Roman Baths. Situated under the main terrace near the lake, the two sides open on to the garden. The pool is made out of black granit, surrounded by a brut granit border and the walls and columns are decorated in stuc. The two chairs were designed by Collett and Champion.

PISCINES *Swimming pools*

Village de huit chalets proche du centre de Megève, l'hôtel "Les Fermes de Marie" allie tradition savoyarde et confort moderne.
Ici, une étonnante piscine a été aménagée dans une grange.

Near the centre of Megeve, a village of eight chalets called "Les Fermes de Marie" combines Savoyarde tradition and modern comfort.
An amazing swimming pool has been built in a barn.

PAGE SUIVANTE

Sur l'îlot malais de Langkawi, des bungalows de luxe offrent les raffinements d'un confort extrême à l'orée même de la jungle. Au bord de la piscine à débordement en céramique bleu pétrole, le pavillon central est construit avec le bois d'arbres exotiques locaux. Il est recouvert d'un toit de chaume inspiré des maisons de pêcheurs. Parasols et chaises longues sont en balau, le bois de l'île.

FOLLOWING PAGE

In the middle of exuberant wild nature, at the edge of the jungle in Langkawi, a Malaysian Island, luxurious bungalows offer the refinement of total comfort. Next to the petrol blue ceramic border of the swimming pool, a pool house has been constructed out of local exotic wood. The thatched roof was inspired by fishermens' houses. Parasols and chaises-longues are in balau – the Island wood.

LES PLUS BELLES
Chambres
THE MOST BEAUTIFUL
Bedrooms

PAGE DE GAUCHE

Dans l'extraordinaire demeure que l'architecte
Ricardo Bofill s'est aménagée près de Barcelone, à San Just
Desvern dans une ancienne cimenterie,
la chambre-salle de bains s'ouvre sur l'extérieur par un
triptyque de volets-miroirs qui en module
l'éclairage à volonté. La baignoire de marbre est au ras du sol.
Réédition d'une chaise de Gaudi.

LEFT PAGE

In San Just Desvern, near Barcelona,
the architect Ricardo Bofill has designed an extraordinary
residence for himself on the site of an old cement
works. The bedroom-bathroom opens onto the view outside
via the three shutter-mirrors which can be adjusted
to let in as much light as is desired. The marble bath is sunk
at ground level. A replica of a Gaudi chair.

PAGE SUIVANTE

A Londres, la décoratrice Lady Weinberg,
propriétaire du "Blakes Hotel",
a imaginé cinquante-deux chambres dont celle-ci,
rencontre inattendue de l'exotisme et de
l'esprit monacal. Lin naturel rayé de blanc où se mêlent
rigueur et fantaisie du décor. Mobilier et
accessoires ont été chinés aux quatre coins du monde.

FOLLOWING PAGE

For "Blakes", her London hotel, the interior
decorator Lady Weinberg designed fifty-two bedrooms.
This one unexpectedly combines
the exotic and the monastic. Natural white striped linen
demonstrates both disciplined decor
and an element of fantasy. Furniture and objects brought
back from the four corners of the world.

PAGE DE DROITE

Dans le sud de la Corse, une maison de vacances
avec sa chambre au charme simple mais
confortable et facile à vivre. Construite en cèdre et décorée au pochoir
par Guy Roisse d'une frise qui court juste sous le toit.

RIGHT PAGE

In the South of Corsica, a holiday home with a bedroom
which has an unpretentious charm and which is also comfortable and «user-friend-
ly». Built from cedar and decorated with a stencilled
frieze by Guy Roisse that runs along the wall just beneath the roof.

CHAMBRES *Bedrooms*

CI-CONTRE, EN HAUT

A Paris, dans le quartier du Marais, chez le décorateur Frédéric Méchiche. Dans la chambre blanche et noire, tableau de Blais éclairé par une guirlande lumineuse. A droite, moulage en plâtre XIX⁰ posé sur un socle blanchi.

EN BAS

Dans cette chambre d'inspiration anglo-indienne, des placards à volets ont été aménagés au-dessus du lit pour servir d'armoire et de bibliothèque. Au pied du lit recouvert de draps anciens en lin blanc et d'un couvre-lit en soie imprimée, un banc de Bertoïa fait office de bibliothèque. Le canapé, recouvert d'une toile de bâche, contraste joliment avec les sièges Directoire à assise de crin noir. Quant aux murs, tendus d'une cotonnade indienne (nappes raccordées entre elles par un tissu géométrique), ils s'harmonisent avec le tapis indien. Sur la cheminée, collection de Staffordshire. Au-dessus, lithographie originale de Georges Braque.

ABOVE, OPPOSITE

In Paris, in the Marais area, at the home of the interior decorator Frédéric Méchiche. In the white and black bedroom, a Blais painting lit by a string of fairy lights. On the right, a 19th century plaster cast placed on a bleached pedestal.

BELOW, OPPOSITE

In this Anglo-Indian inspired bedroom, cupboards with small shutters on the front have been placed around the bed and are used as wardrobes and a bookcase. At the end of the bed, which is covered with antique white linen sheets and a printed silk bedspread, a Bertoia bench serves as another bookcase. The sofa, re-upholstered with a canvas sheet, contrasts prettily with the black horsehair Directoire chairs. As for the walls, hung with Indian cotton fabric, they are in perfect harmony with the Indian rug. On the fireplace, a Staffordshire collection. Above it, an original lithograph by Georges Braque.

PAGE SUIVANTE

En Belgique, en plein Bruxelles, dans une maison ancienne
au charme très provincial, le lit Napoléon III
en orme et sycomore est recouvert d'un quilt américain, déniché aux Etats-Unis,
et d'une moustiquaire. De chaque côté, les tables rondes
Biedermeier (XIX⁰ siècle) sont surplombées de photos coloniales indiennes.
A droite, l'embarcation d'étudiant d'Oxford a été transformée en bibliothèque.

FOLLOWING PAGE

In Belgium, in the heart of Brussels, an old house with a very
provincial charm. In the bedroom, the elm and sycamore Napoleon III bed is
covered with an American quilt, brought back from the United States,
and a mosquito net. On each side of the bed, round Biedermeier 19th century
tables beneath colonial photos of Native Americans. On the right,
the Oxford University rowing boat has been converted into a bookcase.

PAGE DE GAUCHE.

En Beaujolais, sous la charpente d'une ancienne ferme transformée
en hôtel, la chambre "Jules de Chevallard":
lits anciens chinés en Angleterre et couvertures surpiquées.

LEFT PAGE.

In the Beaujolais region, beneath the framework of an old farmhouse
coverted into a hotel, the "Jules de Chevallard" bedroom. Antique beds brought back
from England and topstiched bedspreads.

Dans ce même hôtel en Beaujolais,
au cœur d'un des plus prestigieux vignobles de France, aménagée à l'extrémité du grenier, la chambre "Boutchoux de Chavannes"
avec son lit à baldaquin en fer forgé. Les motifs de carreaux lui confèrent une atmosphère campagne.
In the same Beaujolais hotel, at the heart of one of the most prestigious vineyards in France and built at the far end of the attic, the "Boutchoux
de Chavannes" bedroom with its wrought iron four-poster bed. The chequered patterns add a country ambiance to the room.

PAGE PRÉCÉDENTE, À GAUCHE. Dans un vaste chalet en Suisse, les décorateurs David Champion et Anthony Collett ont imaginé cette chambre sous le toit pour laquelle ils
ont dessiné dans l'esprit Shaker un lit à baldaquin agrémenté d'un simple voile de coton. Les tables de nuit sont éclairées par des lampes en fer forgé et les tapis sont réversibles.
PREVIOUS PAGE, LEFT. In a vast chalet in Switzerland, the interior decorators David Champion and Anthony Collett have designed a bedroom
under the roof eaves where they have installed a four-poster bed decorated with a simple cotton veil. The bedside tables are lit with wrought iron lamps and the rugs are reversible.

PAGE PRÉCÉDENTE, À DROITE. Au manoir de Cole Park, en Angleterre, la décoratrice et designer Lady Weinberg a installé dans une soupente ce lit conçu comme une couchette de bateau.
PREVIOUS PAGE, RIGHT. In a loft at Cole Park manor, in England, the interior decorator and designer Lady Weinberg has installed a bed that ressembles a berth in a ship.

228

La décoratrice styliste, ancien mannequin pour Chanel, Inès de la Fressange et son mari Luigi d'Urso se sont installés dans un appartement à Paris qu'ils ont dédié au style gustavien. Lumière, simplicité, tissus rayés et quadrillés, tout un esprit s'en dégage, à la fois classique et très personnel. Pour donner une impression d'espace, une fenêtre a été créée dans la cloison séparant la salle à manger de la chambre principale. Cheminée en pierre d'époque Louis XVI.

Interior decorator, fashion designer and former Chanel model Inès de la Fressange and her husband Luigi d'Urso have designed their Parisian flat in the Gustavian style. Lots of light, simplicity, snowy shades and fabrics in stripes and squares all demonstrate a classic yet very personal taste. To give the impression of space, a window has been created in the partition which separates the master bedroom from the dining room. A stone Louis XVI fireplace.

CHAMBRES *Bedrooms*

En Irlande, le château de Luttrellstown est un endroit fascinant où faire halte.
Ici, une des chambres d'une suite où séjourna la Reine Victoria. Les montants du lit, le miroir chevalet et le bureau datent du XVIIIᵉ.
La coiffeuse en acajou est victorienne.

In Ireland, Luttrellstown Castle is a captivating place to stop off at for a while.
Here, one of the bedrooms in a suite where Queen Victoria used to stay. The bedposts, trestle mirror and the desk date back to the 18th century.
The mahogany dressing table is Victorian.

PAGE PRÉCÉDENTE

Dans le sud de la France, perchée sur les hauteurs
du Cap-Ferrat et dominant la mer, une somptueuse villa a été en partie
aménagée par le décorateur Frédéric Méchiche qui a choisi
des harmonies de tons camel pour la chambre à coucher dont il a dessiné
le mobilier. Au mur, triptyque de Keith Haring et, sur le bureau,
sculpture de Sue Golden. Sur les tables de nuit, deux lampes d'Ingo Maurer,
un bronze XIXᵉ et une poterie pré-colombienne.
Les murs sont recouverts d'une boiserie de chêne posée en damier.

PREVIOUS PAGE

In the South of France, perched on the hills above Cap-Ferrat
and looking down onto the sea, a sumptuous villa, partly designed by the interior
decorator Frédéric Méchiche, who has chosen a harmony of
camel shades for the bedroom. Frédéric also designed the furniture for this room.
On the wall, a Keith Haring triptych and on the desk,
a Sue Golden sculpture. On the bedside tables, two Ingo Maurer lamps,
a 19th century bronze object and a piece of pre-Columbian pottery. The walls are
covered with oak panelling laid out in a chequered pattern.

Vie de château en Beaujolais, dans un hôtel aussi chaleureux qu'une maison et où l'authenticité joue sur la note sombre du bois.
Au rez-de-chaussée, la chambre "Montbellet de Saint-Try" avec ses couvre-lits anglais surpiqués. Un troisième a été recoupé pour habiller les deux baldaquins.
Les fauteuils, fabriqués en Angleterre, sont entièrement recouverts de lin.

In the Beaujolais region, one can live the life of Riley in a hotel as welcoming as a home and where the dark wood adds an authentic touch.
On the ground floor, the "Montbellet de Saint-Try" bedroom with its topstiched English bedspreads. A third bedspread was used to make the two canopies.
The armchairs, made in England, are entirely re-upholstered in linen.

PAGE SUIVANTE

Un chalet, c'est le confort au naturel,
un cocon de pin ou de mélèze pour tenir en échec le froid
et la neige. Sous le toit de celui-ci, à Chamonix,
dans les Alpes françaises, la chambre est un refuge douillet.
Devant le lit, coffre de bateau anglais et fauteuil
recouvert d'alcantara. Sur la moquette beige, un tapis persan
et quelques tableaux qui n'ont
pas encore trouvé leur place sur les murs.

FOLLOWING PAGE

A chalet is normally a place of simple cosiness,
a pine or larch cocoon which keeps out the cold and the snow.
Beneath the wooden roof of this chalet
in Chamonix, in the French Alps, the bedroom is a comfy
refuge. In front of the bed, an English ship's chest
and an armchair re-upholstered in alcantara. On the beige
carpet, a Persian rug and some
paintings which have not yet been hung on the walls.

A Paris, chez l'antiquaire Christian Sapet, des jeux de miroirs et des panneaux coulissants modulent l'espace.
Pour éclairer la bibliothèque, Christian Sapet a assemblé, à partir d'éléments en laiton et d'abat-jour en tôle peinte, une paire d'appliques qui se répète à l'infini dans deux larges miroirs coulissants qui prolongent astucieusement la bibliothèque. Au centre, un panneau, lui aussi coulissant, permet de suspendre cet admirable huile de Suzanne Fabri intitulée "L'Extase". Derrière ces trois panneaux se trouve le dressing.
A droite, un petit escalier Directoire en sapin.

In Paris, at the home of the antique dealer Christian Sapet, a set of mirrors and sliding panels modulate the bedroom.
To light the bookcase, Christian Sapet has assembled, from brass components and a painted sheet metal lampshade, a pair of wall lights which are reflected many times over in two wide sliding mirrors which cleverly make the bookcase look bigger. In the middle of the room,
a sliding panel on which this impressive Suzanne Fabri oil painting, "L'Extase", is hung. The dressing room is situated behind these three panels.
On the right, a small Directoire deal staircase.

CHAMBRES *Bedrooms*

A Greenwich Village, à New York, l'espace de cette chambre s'organise autour du lit. De chaque côté de la cheminée,
des éléments de rangement combinent avec astuce une bibliothèque sur les étagères du haut et une commode dans les tiroirs du bas. Tableau de Jeffry Holder.

In Greenwich Village, New York, this bedroom is arranged around the centrepiece: the bed.
On each side of the fireplace, the storage units cleverly combine the bookcase on the top shelves with the chest of drawers below. Painting by Jeffry Holder.

PAGE SUIVANTE

Dans l'Oise, près de Paris, tout contribue à donner à cette ancienne ferme un esprit et un confort très britanniques. Au centre de cette chambre-salon, une nature morte hollandaise du XVIIe. Sur l'un des deux lits, un couvre-lit piqué dans un imprimé dont on retrouve le coordonné sur les murs. Sur l'autre, draps en lin à incrustations, oreillers de broderie anglaise, repose-tête délicat et cache-couverture en piqué de coton. Bergères Louis XVI. Tapis au petit point représentant un King Charles.

FOLLOWING PAGE

Not far from Paris, in an old farmhouse in the Oise, everything in this bedroom, designed like a living room, contributes to give it a look and a cosiness that are very British. In the middle, an 17th century Dutch still life painting. On one of the two beds, a bedspread stitched in a print that is coordinates with the walls. On the other bed, linen sheets with inlays, pillows in broderie anglaise, a dainty head rest and a wrap over blanket cover stitched with cotton. Louis XVI wing chairs. The embroidered rug depicts a King Charles spaniel.

PAGE SUIVANTE

À Bali, dans la baie de Sanur, une maison tournée vers la mer s'organise en un dédale de patios ombreux. Ouvrant sur l'un d'entre-eux, cette chambre-salle de bains est d'inspiration japonisante. Un matelas est simplement posé sur une estrade de marbre qui prolonge le sol. La baignoire est encastrée dans un socle de bois. Au fond à droite, statue hindoue en bronze. Le couvre-lit a été confectionné dans un batik ancien.

FOLLOWING PAGE

In Sanur bay in Bali, a house overlooking the sea is arranged around a maze of shady patios. This Japanese-style bedroom-bathroom opens out onto one of them. A mattress has been quite simply placed on a marble platform which is raised off the ground. The sunken bath is built into a wooden platform. At the far end of the room, to the right, a tall Hindu bronze statue. The bedspread is precious antique batik.

CHAMBRES *Bedrooms*

PAGE DE GAUCHE

Aux Antilles, sur l'île de Saint-Barthélemy, le "Toiny" est un hôtel composé de bungalows en bordure de mer. Les chambres y sont fraîches et confortables avec leurs murs laqués blanc. Le mobilier en acajou est inspiré des maisons de planteurs de la Martinique. Sur le lit, couvre-pied en piqué de coton doublé de toile de Jouy.

LEFT PAGE

In St Bart's in the West Indies, "The Toiny" is a hotel made up of beach-bungalows. With their white gloss walls, the rooms are airy and comfortable. The mahogany furniture was inspired by planters' houses in Martinique. On the bed, a small cotton quilt lined in toile de Jouy.

CI-CONTRE, EN HAUT

À Moyo, îlot de l'archipel indonésien, un hôtel extraordinaire, constitué d'une vingtaine de tentes, toutes aménagées dans l'esprit des lodges du défunt empire britannique, propose le luxe sous la toile de bâche. Ici, une chambre avec sa moustiquaire-baldaquin au centre d'un univers de teck.

ABOVE, OPPOSITE

On Moyo, an islet in the Indonesian archipelago, an extraordinary hotel, made from approximately twenty tents built in the style of former British Empire lodges, offers a taste of luxury beneath a canvas sheet. Here, a bedroom with its mosquito screen-canopy, surrounded by a universe of teak.

CI-DESSUS. Au Kenya, des bungalows de cocotiers, adossés au bush, regardent l'océan Indien. C'est un éden doré pour apprentis Robinson. Dans la chambre donnant largement sur l'extérieur, portes et fenêtres ont été remplacées par des stores de palmes tressées qui recouvrent également le sol et les murs. Au-dessus du lit et de sa moustiquaire, la structure du toit est entièrement liée avec de la corde en fibres de coco. Au fond, sous la véranda, un lit indien.

ABOVE. In Kenya, coconut palm bungalows, backing on to the jungle, face the Indian Ocean. It is a golden paradise, perfect for a would-be Robinson Crusoe. In the bedroom, which is open to the surrounding environment, doors and windows have been replaced by blinds made from weaved palm leaves which also cover the floor and the walls. Above the bed, with its huge mosquito net, the roof-structure is entirely held together by rope made from coconut matting. At the far end, on the veranda, an Indian bed.

CHAMBRES *Bedrooms*

CI-DESSUS ET PAGE DE DROITE. Rendez-vous de la jet-set, l'hôtel "Blakes" de Londres fit la célébrité de Lady Weinberg, plus connue sous le nom d'Anouska Hempel. Ici, deux beaux exemples des chambres qu'on y trouve, représentatives du style de la décoratrice: une débauche de tissus, des harmonies bicolores autour de jeux de rayures et des rideaux de soie surperposés, le tout créant une atmosphère d'alcôve-boudoir.

ABOVE AND RIGHT PAGE. The meeting place of members of the jet set, Blakes hotel in London has made its owner, Lady Weinberg (Anouska Hempel), very famous. Here, two beautiful hotel bedrooms which are representative of the decorator's style: a profusion of fabrics, two-tone harmonies created by using stripes and silk curtains, all of which create an alcove-boudoir atmosphere.

PAGE SUIVANTE. Pour exploiter au mieux l'espace, dans le ciel de Manhattan, l'architecte
Campion Platt a dessiné cet astucieux pied de lit qui sert de canapé et conçu un espace-jeux en liège posé au ras du sol.
Le backgammon a été chiné dans les souks d'Istanbul.

FOLLOWING PAGE. To make the most of this space in Manhattan, the architect Campion Platt has designed
this clever footboard, which can also be used as a sofa, and a games table made from cork which is placed at ground level.
The backgammon set was found in the Istanbul souks.

Au Pays de Galles, Sir Bernard Ashley rêvait de se sentir à l'hôtel comme chez lui. Il en rêvait tant qu'il a transformé un vieux manoir en une confortable et intime maison d'hôtes. Un hôtel revisité par l'esprit du «home sweet home», comme on le voit dans cette chambre mansardée avec son baldaquin «à la polonaise».

In Wales, Sir Bernard Ashley so often dreamt of feeling at home when he stayed in hotels that he converted an old manor house into a comfortable and intimate guest house. A sort of home away from home. This is a hotel with a real «Home Sweet Home» feel, demonstrated by this attic bedroom, with its canopy bed «à la polonaise».

A Biarritz, au sud de la côte atlantique française, avec de simples lambris de pin et des meubles de récupération, un fou de surf a transformé un obscur entrepôt sans fenêtres en un espace plein d'allure et de personnalité. Exemple de cet esprit anticonformiste, une chambre qui donne sur un bureau et... sur la plage!

In Biarritz, on the southern part of the French Atlantic coast, a surfer has used simple wood panelling and second-hand furniture to convert a dark warehouse with no windows into a vast, stylish space with lots of personality. An example of this nonconformist vision is this bedroom which opens out onto an office and... onto the beach!

A Paris, chez Gilles Dufour, directeur de studio chez Chanel, la chambre est tendue d'une toile imprimée de Madeleine Castaing. Au-dessus du lit recouvert d'un quilt amish, le portrait de Gilles Dufour par Karl Lagerfeld. Sur l'abat-jour décoré d'une frange de plumes, dessin d'Elizabeth Garouste et Mattia Bonetti.

At the Parisian home of Gilles Dufour, the director of the Chanel studio, the bedroom is hung with a printed fabric by Madeleine Castaing. Above the bed, covered with an Amish quilt, a portrait of Gilles Dufour by Karl Lagerfeld. On the lampshade decorated with birds of paradise feathers, a design by Elizabeth Garouste and Mattia Bonetti.

Le décorateur Jacques Garcia a retrouvé, pour cet hôtel de la place Vendôme à Paris, l'ambiance luxueuse des palaces à l'italienne. On retrouve dans cette chambre un des principes chers au décorateur: le mélange des étoffes. Dessus-de-lit, tissu des murs et rideaux ont tous des motifs différents. L'ensemble des luminaires a été conçu par Jacques Garcia.

For this Parisian hotel, the interior decorator Jacques Garcia has given it an old-fashioned charm that is reminiscent of an Italian palace. This bedroom demonstrates how, for him, working with a variety of fabrics is extremely important. The bedspreads, the fabric used for the walls and for the curtains are also made up of different patterns. Jacques Garcia has also designed most of the light fittings.

PAGE PRÉCÉDENTE

En France, en Beaujolais, sous la superbe charpente des communs du château de Bagnols, édifié au XIIIᵉ siècle, sont aménagées huit chambres avec un goût exquis. Ici, la chambre "François Arnicor" est spacieuse, confortable et entièrement mansardée. Les deux lits à baldaquin ont été agrémentés d'une toile de Jouy ancienne. Fauteuils club houssés de lin, lampadaires de lecture en cuivre.

PAGE DE GAUCHE

Maxime de La Falaise a travaillé avec les plus grands créateurs de mode comme Schiaparelli, Paquin et Saint Laurent. Dans sa maison des Alpilles, elle a aménagé, avec une fantaisie intrépide et anticonformiste, une «chambre léopard», baptisée ainsi en raison des effets apportés sur les poutres et les coussins. Le meuble en bambou et le petit canapé ont été dénichés à New York.

PAGE SUIVANTE

Aux portes de Paris, sur une île de la Seine, vit et travaille l'architecte designer Philippe Starck. Sa chambre principale, avec murs en frisette d'acajou, est occupée par un grand lit à roulettes et deux chevets laqués blanc (d'après des dessins de Starck lui-même). Au dos de l'alcôve à corniche laquée blanc, un grand dressing est prolongé par une salle de bains.

PREVIOUS PAGE

In the Beaujolais region of France, beneath the magnificent roof structure of a 13th century château, eight bedrooms decorated with exquisite taste. Here, the "François Arnicor" room is spacious and has kept its attic-room look. The two four-poster beds have been brightened up with antique toile de Jouy bedspreads. Leather armchairs with linen slipcovers and brass standard lamps for reading.

LEFT PAGE

Maxime de La Falaise has worked with the most famous fashion designers, for example, Schiaparelli, Paquin and Saint Laurent. In her house in the Alpilles, she has used her bold, imaginative and nonconformist vision to create this «leopard bedroom», a name justified by the pattern on the beams and on the cushions. The bamboo piece of furniture and the small sofa were unearthed in New York.

FOLLOWING PAGE

On the outskirts of Paris, on an island on the River Seine, the architect and designer Philippe Starck lives and works. The master bedroom, its walls made from mahogany, contains a large bed on casters and two white gloss bedside tables (designed by Philippe Starck himself). Through the alcove, with its white gloss coving, a large dressing room leads to a bathroom.

Chambres *Bedrooms*

Une des chambres d'une suite de la "Villa Gallici", hôtel à Aix-en-Provence. Les murs de la suite en duplex sont tendus de toile tandis que baldaquin et dessus-de-lit ont été réalisés à Saint-Rémy. Les bergères cannées sont recouvertes du même petit quadrillé que celui qui habille l'intérieur du baldaquin. Les tables de chevet en acajou sont des coiffeuses de style Restauration.

One of the bedrooms in a suite at the "Villa Gallici", a hotel in Aix-en-Provence. The walls of the duplex suite are hung with printed fabric and the canopy and the bedspread were made in Saint-Rémy. The cane wing chairs are re-upholstered in the same quadrille that has been used for the inside of the canopy. The mahogany bedside tables are Restoration-style dressing tables.

LES PLUS BEAUX
Dressings
THE MOST BEAUTIFUL
Dressing rooms

PAGE SUIVANTE
À DROITE

L'architecte Paolo Piva a dessiné ce dressing en noyer massif pour pouvoir combiner à l'infini toutes sortes de rangements en les adaptant à l'espace et, bien sûr, à la composition de la garde-robe. Les tiroirs sont en noyer massif avec une façade gainée de cuir ou de bois, les poignées rétractables sont en laiton, les tiroirs à chaussettes divisés en compartiments par quatre séparations. Certains tiroirs ont une façade en cristal biseauté permettant d'identifier leur contenu.

FOLLOWING PAGE, RIGHT

Architect Paolo Piva has designed this adaptable, solid piece of walnut furniture to cater to the varying needs of his wardrobe. The surface of the solid walnut drawers is covered with wood or leather, the handles are in brass and the sock drawers are divided into four compartments. The fronts of some of the drawers are in cut-crystal for practical transparency.

PAGE DE GAUCHE

Une merveille de bon sens conçue par le décorateur Yves Taralon, ce dressing masculin-féminin est en acajou avec, çà et là, des jeux de miroirs pour agrandir la pièce et lui donner de la clarté. Un store du même bois habille la fenêtre et le tapis donne à cet endroit encore plus de confort.

LEFT PAGE

Interior decorator Yves Taralon has designed a unisex dressing room with great intelligence. Built entirely in mahogany, mirrors are placed here and there to enlarge the space and maximise light. The mahogany blind and the rug add to the comfort of the room.

DRESSINGS *Dressing rooms*

CI-DESSUS. Pour concevoir ce meuble de rangement en placage de châtaignier, bel exemple de souplesse et de raffinement,
l'architecte Jean-Philippe Gauvin a créé trois modules indépendants permettant divers arrangements. Le module central, avec à la base une petite marche
pour les chaussures, peut accueillir deux rangées de vestes. Sur la porte intérieure du placard de droite, grand miroir en pied.
Sur les montants, des patères pour accrocher la tenue choisie pour la journée.

ABOVE. This chestnut veneer piece of furniture designed by architect Jean-Philippe Gauvin is a perfect example of refinement and versatility.
It is composed of three independant modules. The middle compartement can hold two rows of jackets and there is a small step at the base for shoes.
There is a full-length mirror on the inside of the right door and pegs on the sides to hang up the day's outfit.

A Paris, dans le quartier du Marais, le décorateur Frédéric Méchiche
a consacré une pièce entière aux rangements vestimentaires qu'il a organisés dans des meubles
de simple bois noir. Au premier plan, paire de chaises de Mallet-Stevens.

In the Marais area in Paris, interior designer Frédéric Méchiche
has dedicated an entire room to his wardrobe, with cupboard space in plain black wood.
In the foreground, a pair of chairs by Mallet-Stevens.

DRESSINGS *Dressing rooms*

Dans un vaste loft new-yorkais,
le dressing-room joue la transparence. Les vêtements sont rangés dans des placards vitrés
qui les tiennent à l'abri de la poussière mais pas de la vue.

In a huge loft in New York,
a transparent dressing-room. The clothes are kept in glass wardrobes
that protect them from dust but not from sight.

DRESSINGS *Dressing rooms*

CI-DESSUS, À GAUCHE. Dans ce dressing en cèdre massif (bois qui a la particularité de repousser les mites),
l'espace a été utilisé très astucieusement grâce à un système de roulement à billes souvent employé dans les pharmacies. Ainsi, dans une pièce
relativement exiguë, un dressing de huit armoires a pu être construit.

ABOVE, LEFT. *The originality of this solid piece of furniture made from solid cedar (a wood that deters moths),, is its system of small metal ball bearings that permit movement
and access. Despite the narrowness of the room, a dressing iroom with eight cupboards has been built.*

CI-DESSUS, À DROITE. Dans cette pièce à pans coupés qui débouche sur la chambre
et la salle de bains, un dressing en chêne massif avec éclairage intégré dans les corniches a été créé. A gauche, le coin masculin
avec chemises et costumes rangés par couleur.

ABOVE, RIGHT. *Leading on from the bedroom and bathroom, an octogonal-shaped dressing room in solid oak. The lights are fitted around the edges.
To the left, the masculine corner, with shirts and suits arranged according to colour.*

PAGE DE GAUCHE
Chez le créateur de meubles Philippe Hurel, le dressing occupe
un espace qui ressemble à un couloir.
Il a donc été conçu comme une bibliothèque et placé sur toute la
longueur du mur. La structure et les tiroirs sont en sycomore
et un système de portes vitrées permet de voir les vêtements au travers.

LEFT PAGE
*Furniture designer Philippe Hurel has created a dressing room
using the same technique as that of a bookcase.
It is situated in an area more like a corridor and fills the
space along the walls. The structure
and drawers are in sycamore, and glass doors permit transparency.*

CI-DESSUS. Étonnant dressing conçu par le décorateur Patrice Nourissat. De haut en bas et de gauche à droite.
1) Rangement des petites pièces dans de multiples tiroirs. 2) Rangement des pantalons grâce à un caoutchouc «antiglisse» fixé sur chaque barre. 3) Rangement des chaussures dans un placard étroit. 4) Rangement sur deux niveaux des vestes aux couleurs chatoyantes. 5) Rangement des chemises dans des tiroirs à façades en Plexiglas. 6) Là encore, un bel exemple de l'emploi de rayonnages transparents, imaginé par le décorateur Michel de Potestad.

ABOVE. *An amazing creation by designer Patrice Nourissat. From left to right and top to bottom:*
1) Space for small articles in the multiple drawers. 2) A trouser compartment cleverly equipped with «anti-slip» rubber attached to each bar.
3) A shoe department in a narrow cupboard. 4) Two levels for these brightly coloured jackets.
5) Drawers with plexi-glass fronts for shirts. 6) Another excellent example of transparency by designer Michel de Potestad.

PAGE DE DROITE
Utilisation du moindre espace: ici, entre deux fenêtres, le décorateur Patrice Nourissat a créé ce meuble haut en Altuglass transparent pour y ranger ses chemises. Donnant sur un jardin intérieur, les fenêtres sont habillées de stores à lamelles de bois.

RIGHT PAGE
To maximise the potential of this narrow space between two windows, designer Patrice Nourissat has created a tall cupboard for shirts in transparent Altuglass. The windows are hung with wooden slatted blinds and offer a view into his conservatory.

LES PLUS BELLES
Salles de bains
THE MOST BEAUTIFUL
Bathrooms

PAGE SUIVANTE

Chez le designer Philippe Starck, dans sa maison
proche de Paris, l'escalier débouche sur une salle de bains
complètement décloisonnée, entièrement blanche
dans la lumière tamisée par des stores vénitiens. Elle est
à la fois dépouillée et sophistiquée.
On y trouve une baignoire à l'ancienne, un meuble et sa vasque
dessinés par Starck, ainsi qu'un grand miroir vénitien.

PAGE DE GAUCHE

Au château de Luttrellstown, près de Dublin,
la rotonde ouverte sur une des chambres a été aménagée en une
majestueuse salle de bains avec cette extraordinaire
baignoire ancienne en cuivre, toujours en état de marche.

FOLLOWING PAGE

At designer Philippe Starck's house near Paris,
the staircase leads onto a white open-plan bathroom where
Venetian blinds gently filter the light.
Unadorned yet sophisticated, an old fashioned bath, sink and
fittings, designed by Starck, and a large Venetian mirror.

LEFT PAGE

At Luttrellstown Castle near Dublin,
a rotunda opens out onto one of the rooms, that has been
transformed into a majestic bathroom
with an amazing antique copper bath still in working order.

SALLES DE BAINS *Bathrooms*

Construction caméléon, cette villa perchée sur les hauteurs du Cap-Ferrat se fond dans le paysage
de rochers et de pins parasols. L'été, elle dédie à la lumière son architecture de verre et de béton. Le décorateur Frédéric Méchiche
a encastré la baignoire-jacuzzi dans une dalle de travertin. En l'utilisant,
on découvre la mer à travers la pinède. Sols et murs sont dans ce même matériau pour donner à l'ensemble une unité à la fois douce, moderne et simple.

Camouflaged in a landscape of rocks and parasol pine-trees, a villa perched on the heights of Cap-Ferrat.
Its glass and cement architecture captures the piercing light of hot summers. Designer Frédéric Méchiche has embedded the bath-jacuzzi in a slab
of travertin which permits a view of the sea beyond the pine-trees. In using the same material for the walls and floor,
the overall effect is modern and simple.

Là aussi, la baignoire a été placée devant la fenêtre d'où l'on découvre le lac de Genève. Elle est encastrée dans une pierre
tandis que le soubassement est en teck noirci comme le sol. L'architecte Rémi Tessier, qui a conçu la pièce,
a eu l'idée de creuser les lavabos dans la masse d'une large plaque de pierre de 2,50 m de long. Sous cette dalle, une barre en nickel brillant
permet de faire sécher les serviettes. Au-dessus des lavabos, les miroirs entourés de bandeaux lumineux s'ouvrent.

To appreciate the view of Lake Geneva, the bath has been strategically placed in front of a window.
Embedded in stone, the lower part is made from blackened teak, as is the floor. Architect Rémi Tessier who designed the room
had the sinks dug out of a 2.50 m long slab of stone, underneath which
a polished nickel towel rail has been fixed. Above the sinks, the mirrors are bordered with light fittings.

SALLES DE BAINS *Bathrooms*

A Paris, le créateur de mode Kenzo habite une maison dans l'ombre de la Bastille
où il a tout fait pour retrouver ses racines orientales. Ici, austère beauté du jacuzzi, dessiné par Kenji Kawabata. Il est dallé d'ardoises jusqu'à mi-mur.
Au-dessus, lattes en bois d'Hinoki odorant. Une carpe en bronze (Japon, XIXᵉ siècle) veille au bien-être des heureux usagers.
A l'extérieur, l'épaisse protection des bambous.

Fashion designer Kenzo lives in the Bastille area of Paris. He has made every possible effort to re-create the architecture of his cultural origins.
Here one sees the austere beauty of a jacuzzi designed by Kenji Kawabata. The base, made out of slate, continues half-way up the wall. Above, there are strips
of scented Hinoki wood. A bronze carp (Japanese, 19th century) watches over the lucky chosen few. Outside, bamboos keep out the world.

PAGE DE GAUCHE

A Barcelone, l'architecte Ricardo Bofill a créé sa villa dans une ancienne
cimenterie. Sur son toit-terrasse, il a installé un bain à remous ouvert sur le jardin.
Alliance du teck naturel blanchi à l'eau oxygénée, du verre et de l'acier
pour ce jacuzzi inspiré par ses nombreux voyages et notamment par les jardins d'esprit
zen. La transparence sur la végétation est modulable par des volets
actionnés électriquement. C'est dans ce lieu privilégié de réflexion que l'architecte
nomade trouve son inspiration. Lit de repos recouvert de coton blanc.

LEFT PAGE

Architect Ricardo Bofill, who lives in Barcelona, has created
a villa in an old cement works. He has installed a jacuzzi on the flat with
a view of the garden. The jacuzzi is an amalgam of bleached natural teak,
glass and steel. It was inspired by his numerous voyages like the gardens that
reflect a zen spirit. The transparency onto the garden
is controlled by electric shutters. The relaxing bed is covered in white cotton.

PAGE SUIVANTE

Les décorateurs Yves et Michelle Halard ont aménagé,
dans leur château berrichon du XVIIᵉ siècle, plusieurs salles de bains
de façon magistrale. Les murs de celle-ci
sont recouverts d'une toile de Jouy. La table de toilette a été
improvisée dans une ancienne table de coupe.

FOLLOWING PAGE

Designers Yves and Michelle Halard
have decorated several magnificent bathrooms in their
17th century castle in The Berry, in France.
The walls are covered with «toile de Jouy» and the dressing-table
is an old cutting table that has been transformed.

Ilot de l'archipel indonésien, Moyo abrite un hôtel unique: vingt tentes aménagées dans l'esprit des lodges du défunt empire britannique, vingt tentes luxueuses qui allient le teck et la toile de bâche. Au fond de chacune d'entre elles, la partie salle de bains est décorée dans un esprit Arts and Crafts et se compose de deux lavabos et d'une douche.

Moyo, an island in the Indonesian archipel, houses one of the most original hotels in the world... Twenty luxurious tents made out of teak and canvas, decorated in the spirit of the former British Empire. At the end of each tent, the bathroom is composed of two sinks and a shower, all discreetly decorated in an Arts and Crafts style.

Au cœur de Londres, Lady Weinberg, propriétaire du "Blakes Hotel", a imaginé pour ses cinquante-deux chambres cinquante-deux décors différents. De style Biedermeier, en passant par le néoclassique et la Grande Russie, tout un art de vivre en cinquante-deux tableaux et autant de salles de bains, dont celle-ci, vrai boudoir au style cosy ultraraffiné.

Owner of Blakes Hotel in central London, Lady Weinberg has designed a different style for each of the 52 different rooms. The decoration varie from Biedermeier to Neo-classical and includes the Great Russian era. The art of living in 52 themes as many bathrooms, including this one, a real boudoir, cosy and refined.

Quartier Bastille à Paris, le créateur de mode Kenzo a opté, chez lui, pour l'austérité pleine de caractère d'une salle de bains à la japonaise. Ce cabinet de toilette est revêtu de sycomore. Un très petit lavabo rond en marbre est encastré dans un plan, où est fixé un miroir grossissant. Les deux miroirs en vis-à-vis dissimulent des armoires de rangement.

In the Bastille area in Paris, fashion designer Kenzo has opted for the simple purity of a Japanese style bathroom. The medecine cabinet is made fromsycamore wood, and the tiny marble sink is fitted in a work-top with a magnifying mirror. The mirrors that face each other dissimulate the cupboards.

La baignoire en épi délimite deux espaces dans la salle de bains qui devient, de cette façon, idéale pour un couple. Dans celle-ci, décorée par les architectes Jean-Louis et Mado Mellerio, les meubles-lavabos qui encadrent la baignoire ont été peints dans un ton «terre de Sienne» à l'identique des murs. Le sol est en marbre de Carrare blanc vieilli et patiné.

This bathroom is divided by the diagonal position of the bath, creating an ideal space for a couple. Designed by architects Jean-Louis and Mado Mellerio, the sink units surrounding the bath have been painted in the same 'Sienna earth' tone as the walls. The white Carrare marble floor has been patinated.

SALLES DE BAINS *Bathrooms*

PAGE PRÉCÉDENTE

Le luxe et la simplicité ne se sont jamais mieux accordés qu'ici, sur l'île de Phuket, à une heure d'avion de Bangkok. C'est à un rêve de milliardaire et à une leçon de décoration que nous convie, sous ses cocotiers et sur ses pilotis, le plus bel hôtel balnéaire d'Asie. Dans un des luxueux bungalows, une salle de bains communique librement avec la chambre. Au premier plan, le plateau de la table est en bronze patiné. Tout est en bois de maka, le sol est vitrifié. Le panier à linge est en vannerie sombre. La lumière est filtrée par des vitres dépolies dont la forme est caractéristique des maisons traditionnelles du pays.

PREVIOUS PAGE

No where can there be a more perfect example of luxury and simplicity than on the Island of Phuket, an hour's flight from Bangkok. A millionaire's dream, raised on its wooden pillars under coconut trees, this must be the most exquisite holiday resort in Asia. In one of these luxurious bungalows, the ensuite bathroom is in maka wood, the floor is glazed, and a magnificent bronze patinated table stands in the foreground. The linen basket is dark basket-weave. The unpolished glass windows, in the traditional style of this country, filter the light.

PAGE DE DROITE

A Monte-Carlo, le grand couturier Karl Lagerfeld s'est fait aménager un repaire princier avec deux salles de bains. Une pour le matin face à la mer, l'autre pour le soir, pour profiter du soleil couchant. Ici, les fauteuils anglo-indiens incrustés de plaques de corail rose constituent l'ornement principal.

RIGHT PAGE

Leading fashion designer Karl Lagerfield owns a princely demeure in Monte-Carlo with two bathrooms that offer a view of the sea in the morning and of the sun-set in the evening. Anglo-Indian arm-chairs encrusted with rose coral are the predominant features in this sanctuary.

Parce qu'il a su conférer une nouvelle jeunesse aux styles anciens, Alain Demachy occupe une place prépondérante dans la décoration contemporaine. Il a aménagé en Touraine un château qui constitue une véritable leçon de savoir-vivre à la campagne. Dans la salle de bains, les carreaux reprennent le motif du tissu de la chambre attenante. Au-dessus du lavabo, la glace est entourée par une copie de cadre espagnol XVIIᵉ, laqué blanc.

Alain Demachy, whose talent lies in a modern approach to traditional styles, occupies a prominent position in contemporary decoration. His transformation of a chateau in Touraine is an example of «savoir-vivre» in the countryside. The tiles in the bathroom share the same motif as the material in the adjacent room and the mirror above the sink is enhanced by a white lacquered frame, a reproduction of a 17th century original.

SALLES DE BAINS *Bathrooms*

L'éditeur de meubles et d'objets pour la maison, Gunther Lambert, et sa femme Anna ont su trouver le ton juste pour convertir un manoir de Picardie
en une vraie demeure familiale accueillante, chaleureuse et conviviale. La salle de bains-salon illustre bien leur travail. Les murs sont recouverts, dans la partie supérieure,
d'une très belle toile de Jouy noire, tandis que le soubassement en bois est laqué blanc. Baignoire, lavabo et robinetterie ont été chinés.
Encadrant la fenêtre (les rideaux sont dans la même toile de Jouy), paire de fauteuils en rotin noir et fer forgé. L'hiver, on peut prendre son bain devant un feu de cheminée.

Furniture dealer Gunther Lambert and his wife Anna have succeeded in transforming an old manor house in Picardy
into a warm family home. The bathroom is a perfect example. The upper part of the wall is upholstered in beautiful black «toile de Jouy» whereas the lower area
is made from white lacquered wood. The bath, sink and taps were a lucky find. Framing the windows
(the curtains are in the same «toile de Jouy»), two armchairs in wrought iron and black wicker,. In winter one can even take a bath by a warm fire.

PAGE PRÉCÉDENTE
L'architecte d'intérieur Andrée Putman habite un loft sous les toits de Paris.
Allergique aux modes, elle a fait de la simplicité un luxe et un style qui s'expriment
tout particulièrement dans cette salle de bains aux stores brodés du XIXᵉ siècle,
chinés à la gare du Nord. Ouvert de tous côtés, c'est un espace lumineux, admirable
de sobriété. Robinetterie ancienne, timbre d'office posé à même la paillasse
carrelée, sculpture de Niki de Saint-Phalle et, au mur, miroir-satellite d'Eileen Gray.

PREVIOUS PAGE
Interior designer Andrée Putman lives in a loft in Paris. Despite being allergic
to fashion trends, by usingdetail she has created a luxurious
style, like the 19th century hand embroidered curtains in her bathroom.
An open plan luminous area – admirably unpretentious.
Antique taps, a small sink placed directly on the tiled sink unit, a sculpture by
Niki de Saint-Phalle and, on the wall, a satellite mirror by Eileen Gray.

La décoratrice et designer Lady Weinberg a placé le manoir anglais de Cole Park sous le charme d'un exotisme raffiné.
La salle de bains a été réalisée à partir d'un ensemble de carreaux portugais dont les motifs ont été repris en trompe l'œil et en frise sur l'ensemble des murs,
la façade de la baignoire et le parquet peint. Les rideaux en lin blanc sont marqués, comme des draps, au chiffre des propriétaires
de la maison. Une collection de porcelaine et de faïence blanche et bleue, de toutes provenances (Chine, Japon, Espagne, Hollande...), complète ce décor.

Interior decorator and designer Lady Weinberg has charmingly transformed English manor Cole Park with refined, exotic taste.
The bathroom is decorated with Portugese tiles whose pattern is reproduced on the frieze in front of the bath, on the painted parquet and as a «trompe l'oeil»
on the walls. The white linen curtains and sheets are monogrammed with the owners' initials.
A blue and white china and porcelain collection from all over the world (China, Japan, Spain, Holland...) completes the decoration.

PAGE SUIVANTE

Hilton McConnico, créateur de meubles et d'objets, habite près de Paris une drôle de
maison qui porte son empreinte forte et provocante. Mais la fantaisie
n'exclut pas le raffinement du détail: dans la salle de bains de la chambre d'amis, le motif
des serviettes en éponge créées par Hilton McConnico s'harmonise au dessin
du dos de la chaise. Sur le sol, un géranium "Rosa" parfume naturellement la pièce.
Sur le mur, la première collection d'herbiers créée par Hilton.

FOLLOWING PAGE

Designer Hilton McConnico lives in a very unusual house near Paris,
a perfect example of his strong and provocative style.
Imagination does not exclude minute detail; in the guest bathroom, the motif on
the towels created by Hilton McConnico matches the one on the back
of the chair. On the floor a "Rosa" geranium nakes the room.snell wonderful.
One of Hiltons' first herb collections hangs on the wall.

SALLES DE BAINS *Bathrooms*

Au château de Bagnols, en France, une salle de bains campagnarde avec poutres apparentes et meubles de lavabo en chêne.
La baignoire ancienne occupe le centre de la pièce. Le robinet, ancien lui aussi, est fiché dans le miroir. La multiplication des glaces et la présence du fauteuil
confèrent à l'ensemble une ambiance de salon.

At Bagnols Castle in France, a country-style bathroom with wooden beams and an oak sink unit.
Dérails such as an armchair, taps that are fixed into one of the many mirrors, and an antique bath as the centrepiece in the room, make for
an atmosphere more like that of a lounge.

On a parfois la chance de pouvoir consacrer une pièce entière à la salle de bains. C'est le cas au château de Bagnols
où celle-ci est vaste et ne manque pas de caractère. Dans cette immense pièce aux formes arrondies, les murs ont été peints, dans la partie supérieure,
d'arcades en trompe l'œil dont l'effet est accentué par la forme de la baignoire, celles des lavabos et des miroirs.

One sometimes has the possibility to consecrate an entire room to the bathroom. This is the case at Bagnols Castle
where this vast room is filled with character. In this huge room, with its rounded form, the upper areas of the walls have been painted with arcades
in «trompe l'oeil» that accentuate the shape of the bath, sinks and mirrors.

PAGE SUIVANTE

C'est l'architecte anglais Anthony Collett qui a entièrement revisité, près de Londres,
une vieille maison victorienne dans laquelle il a aménagé cette confortable
salle de bains. Les murs sont recouverts en partie par une frisette peinte de couleur
crème. La baignoire années 30 a été récupérée sur un chantier.
Le sol, constitué d'un damier en chêne et teck, est recouvert d'une peau de vache.
Les fauteuils Arts and Crafts sont habillés de toile de bâche. Derrière
chaque miroir se trouve une armoire de toilette. Au-dessus de la baignoire, huile de
David Champion. Tous les vases sont de l'artiste anglais Bretby (1890).

FOLLOWING PAGE

In an old Victorian house near London re-designed
by the English architect Anthony Collet, the comfortable bathroom is enhanced
by a cream coloured frieze and a 30s bath-tub that was
salvaged from a demolition site. The oak-teak checkered floor is covered with
a cowhide mat and the Arts and Crafts armchairs are upholstered
in canvas. Cupboards are discreetly tucked away
behind mirrors and the oil-painting above the bath is by David Champion.
All the vases are the œuvres of the English artist Bretby (1850).

Chez le décorateur Yves Taralon, la salle de bains de la chambre d'amis a été réalisée sous les toits. Au-dessus de la baignoire, des lithographies et des dessins mélangés à des hauts de poêles de cheminées XIXᵉ. Pour souligner cette harmonie de noir et blanc, une serviette noire et un tapis à chevrons.
At designer Yves Taralon's house, the sky-lit guest bathroom is situated in the attic. Above the bath, there are lithographs and drawings, alongside 19th century stove tops. To emphasize harmony in the colours, a black towel and a herring-bone rug.

Dans un hôtel particulier parisien, l'architecte d'intérieur Stéphanie Cauchoix a mis l'imagination au pouvoir. L'éclectisme de ses choix décoratifs fait merveille dans cette salle de bains-salon avec sa table Napoléon III à plateau de Scagliola. Le tapis romantique à fond noir au petit point et la cage à oiseaux créent une délicieuse ambiance de pièce à vivre.
In a townhouse in Paris, interior designer Stéphanie Cauchoix has really used her imagination. Her eclectic choice of decoration has worked wonders in this charming bathroom–salon with its Scagliola-topped a Napoleon III table. A romantic black embroidered rug and a bird-cage contribute to the peaceful atmosphere of a living-room.

Le décorateur Frédéric Méchiche est résolument moderne, mais sa culture l'enracine dans le passé dont il sait recevoir les leçons et s'enrichir de sa beauté classique. On le constate dans cette salle de bains dont la décoration est constituée d'éléments anciens: glaces Empire, appliques Restauration, lustre XIXᵉ, buste en terre cuite et linge basque.
Designer Frédéric Méchiche is resolutely modern, but his knowledge of classical beauty has enriched him greatly. This bathroom bears witness to this.
It is composed of ancient elements such as Empire style mirrors, Restoration wall fittings, a 19th century chandelier, a bust in glazed earth and antique Basque linen.

Toujours dans l'appartement parisien du décorateur Frédéric Méchiche, la salle de bains du rez-de-chaussée
est d'esprit Directoire. C'est la paire de «grisailles» qui encadre la baignoire et la baignoire elle-même qui en donnent le ton. La chaise en acajou est néoclassique.
Still in designer Frédéric Méchiche's Parisian flat, the downstairs bathroom is
in Directoire style. Grey paintings surrounding the bath tub and the bath itself establishes the tone. The mahogany chair is neo-classical.

Salles de bains *Bathrooms*

En Suisse, sur les rives du lac de Constance, les têtes pensantes de la nouvelle décoration anglaise,
Anthony Collett, David Champion et John Mac Leod, ont créé, dans les combles d'une villa de la fin du XIXe siècle, cette étonnante salle de bains
mansardée en pin blanchi. Les porte-serviettes sont placés dans un cadre de bois qui s'ouvre sur un placard.

Anthony Collet, David Champion and John Mac Leod, three important names in contemporary English design,
have created a stunning bathroom in the attic of a late 19th century villa situated on the banks of Lake Constance in Switzerland. This bathroom with
its sloping roofs, is built entirely from whitened pine. The towel rails are fixed directly into the wood that opens out into a cupboard.

PAGE DE GAUCHE

Les Flamands ont cette réputation d'aimer les architectures
simples et fortes. La maison de Marcel Cornille,
agent publicitaire et collectionneur, le démontre avec vigueur.
Particulièrement sa salle de bains
au centre de laquelle, disposée en épi, la baignoire
en marbre provenant d'une station thermale et
les robinets de Jermyn Street. Au-dessus des lavabos, les deux
miroirs sont encadrés par une bordure de marbre.

LEFT PAGE

This is a collector's house in Belgium.
The Flemish have a reputation for liking simple but strong
architecture. A perfect example is the publishing
agent and collector Marcel Cornillès house. In the centre
of his bathroom, a marble bath acquired from
a spa and taps that come from Jermyn Street. Above the
sinks, two mirrors are edged with marble.

PAGE SUIVANTE

Au cœur de Bruxelles, chez l'antiquaire
Daniel Schaffeneers, l'atmosphère de la salle de bains semble se souvenir
de voyages anciens et d'aventures lointaines. Les portes en teck
cérusé, conçues d'après un dessin de volet colonial, ont été rapportées
de Thaïlande. Le lavabo et la baignoire 1900 ont été trouvés en
Angleterre. Miroir mouluré de cuivre provenant d'un café du sud de la
France, mannequin pour vêtements d'enfant, paire de fauteuils
de parc d'origine belge, en sapin décapé et maquette de bateau anglaise.

FOLLOWING PAGE

Antique dealer Daniel Schaffeneers lives in the heart of Brussels. The
atmosphere in his bathroom evokes memories of faraway journeys
and distant adventures. The stripped teak colonial style doors were brought
back from Thailand, the 1900's bath and sink originate from
England, and the copper framed mirror from a cafe in the South of
France. Children's clothes dummy, a pair of pine paint-
stripped Belgian armchairs from a park and an English model boat.

295

Salles de bains *Bathrooms*

Dans cette maison proche de Paris, le décorateur Didier Gomez et son associé Jean-Jacques Ory ont utilisé, en larges aplats,
cèdre, chêne et noyer, apportant ainsi une touche claire et déliée à cet espace résolument moderne. Ici, les murs, le parquet de la salle de bains
et les deux dressings sont en cèdre tandis que la baignoire et le mur-alcôve sont en résine de béton.

In a house near Paris, interior decorator Didier Gomez and his associate Jean-Jacques Ory have used wide,
flat planks of cedar, oak and walnut to create a pure and uncluttered feel to this resolutely modern space. The walls, parquet floor and
two dressing rooms are in cedar wood, whereas the bath and alcove are in cement resin.

PAGE DE DROITE

Un peu mécènes et très collectionneurs, les propriétaires de cet hôtel particulier du
XIXᵉ siècle ont confié au sculpteur Hubert Le Gall la décoration d'un très bel
espace réparti sur trois niveaux. Ainsi, le dressing qui prolonge la salle de bains a été
conçu comme un cabinet de curiosités. Les portes des placards en
boiseries sombres ont été décorées de photos prises au Maroc dans les années 20.

RIGHT PAGE

Great art collectors and sponsors, the owners of this 19th century townhouse,
composed of three floors, have entrusted the decoration
of their home to sculptor Hubert Le Gall. The dressing room that leads off from the
bathroom has been designed like a curiosity shop. The dark wood
cupboard doors are decorated with photographs, taken in Morroco in the 20s.

Adossée aux escarpements d'une côte rocheuse qui semble défendre l'île de Saint-Barthélemy,
cette maison reçoit des influences architecturales de nombreux pays de soleil: Grèce, Espagne, Egypte, Afrique du Nord. Un patchwork de styles que l'on retrouve
à l'intérieur ou dans la salle de bains de la chambre d'amis. La douche est installée directement dans un des coins de la pièce
pour bénéficier de la vue exceptionnelle sur les rochers de la Pointe Milou. Le muret en maçonnerie est recouvert de carreaux mexicains peints à la main
que l'on retrouve en motifs décoratifs au-dessus de chaque fenêtre.

*Perched on a steep rocky slope overlooking the Island of Saint-Barthélemy, the architectual inspiration
of this house must surely come from countries that bask in sun: Greece, Spain, Egypt, North Africa. The interior is a patchwork of styles, the guest bathroom being a
perfect example. The shower has been strategically placed to enjoy the breathtaking view of the rocky slopes of Point Milou.
The sink unit is covered with hand-painted mexican tiles and the same patterns are reproduced above each window.*

SALLES DE BAINS *Bathrooms*

PAGE SUIVANTE

Depuis le XVᵉ siècle, l'histoire du château de Luttrellstown est pleine de bruit et
de fureur. Quant au château lui-même, il a accumulé des collections qui,
du style George III au style victorien en passant par le gothique et le Chippendale,
en font un des lieux de visite et de séjour les plus captivants de
l'est de l'Irlande. Cette salle de bains n'est pas sans rappeler certaines scènes du
film "Barry Lyndon" par la splendeur de ses dimensions. Elle est aussi
somptueuse que confortable et, grâce à ses deux fauteuils à oreillettes Chippendale,
ses banquettes sous les fenêtres et ses rideaux de chintz, elle évoque un salon.

PAGE DE GAUCHE

Collaboratrice, entre autres, de Schiaparelli, Paquin puis Saint Laurent,
Maxime de La Falaise habite un mas des Alpilles qu'elle a aménagé
avec l'humour, la fantaisie et le talent qui la caractérisent. Sa salle de bains
est un patchwork de différents carreaux de ciment. Le chien
Patch trône au-dessus de la baignoire dénichée chez un démolisseur, à
Bath. A gauche de la baignoire, la chaise est drapée à l'africaine.

FOLLOWING PAGE

*Since the 15th century, the history of Luttrellstown Castle has been one
of fury and passion. During this period, the castle has accumulated
various magnificent collections, ranging from George III to Victorian style and including
Gothic and Chippendale, all of which make it one of the most
captivating and interesting places to visit or stay in Eastern Ireland. The generous
proportions of the bathroom (one of several) are reminiscent of certain
scenes in "Barry Lyndon". Not only is it richly decorated, it is also comfortable,
thanks to the two Chippendale armchairs, the benches by the
windows and the chintz curtains which make one feel as if one were in a lounge.*

LEFT PAGE

*Maxime de La Falaise, who collaborated with Schiaparelli,
Paquin and Saint Laurent, amongst others, lives
in a splendid farm house in the Alpilles. She has converted it with her
characteristic talent, imagination and sense of humour.
The bathroom is a patchwork of different cement squares, Patch the
dog, who was salvaged from a demolition site, presides over
the bath. To the left of the bath, the chair is upholstered in African style.*

**NOUS TENONS À REMERCIER
TOUT PARTICULIÈREMENT:**

Daniel FILIPACCHI, *Frank* TÉNOT et *Gérald* DE ROQUEMAUREL

AINSI QUE

Pierre ARDITI	*Donna* KARAN
Princesse Fatima AL SABAH	KENZO
Antoine ADDA	*Calvin* KLEIN
Giorgio ARMANI	*Michel* KLEIN
Sir Bernard ASHLEY	*Bruno et Dominique* LAFOURCADE
Christian ASTUGUEVIEILLE	*Karl* LAGERFELD
Solange AZAGURY-PARTRIDGE	*Gunther* LAMBERT
Christian BADIN	*Hubert* LE GALL
Gian Paolo BARBIERI	*Jacques* LE GUENNEC
Philippe BERBESSON	*Pierre* LE-TAN
Pierre BERGÉ	*Nicole* LEHMANN
Alexandre BIAGGI	*Bruno* LE MOULT
Jacques BON	*Geneviève* LETHU
Guy BONTEMPS	*Andréa* LUCAS-PAUWELS
Laurent BOURGOIS	*Hilton* McCONNICO
Ricardo BOFILL	*John* MAC LEOD
Matthia BONETTI	*Marie-Jo* MAZE-CENSIER
Comtesse Muriel BRANDOLINI D'ADDA	*Frédéric* MECHICHE
Michel DE BROIN	*Jean-Louis et Mado* MELLERIO
Anne-Marie CASSE	*Leila* MENCHARI
François CATROUX	*Jean* DE MEULDER
Stéphanie CAUCHOIX	*Laurence* MONTANO
David CHAMPION	*Joelle* MORTIER-VALAT
Arlette CHEVALIER	*Gladys* MOUGIN
Anthony COLLETT	*Patrice* NOURISSAT
Terence CONRAN	*Jean-Jacques* ORY
Marcel CORNILLE	*Walda* PAIRON
Catherine DE DECKER	*Per* SPOOK
Alain DEMACHY	*Paolo* PIVA
Patrick DEMARCHELIER	*Campion* PLATT
Gilles DUFOUR	*Eric* POISSON
Maxime DE LA FALAISE	*Michel* DE POTESTAD
Loulou DE LA FALAISE	*Roger* PRIGENT
Jean FELDMAN	*Julie* PRISCA
Inès DE LA FRESSANGE	*Andrée* PUTMAN
Jacques GARCIA	*Alain* RAYNAUD
Elizabeth GAROUSTE	*Chesbrough* RAYNER
Alain GAUCHER	*Estelle* REALE-GARCIN
Jean-Philippe GAUVIN	*Lord* ROTHSCHILD
David GILL	*Bernard* ROUX
Didier GOMEZ	*Clara* SAINT
Yves GOUBE	*Christian* SAPET
Jacques GOURVENEC	*Daniel* SCHAFFENEERS
François-Joseph GRAF	*Roger* SOUVEYRENS
Jacques GRANGE	*John* SPENCER
Comte de GRIVEL	*Philippe* STARCK
Christine et Michel GUÉRARD	*John* STEFANIDIS
Yves et Michelle HALARD	*Yves* TARALON
Arnie HASSELQVIST	*Suzanne* TESS
Marc HELD	*Rémi* TESSIER
Anoushka HEMPEL	*Luigi* D'URSO
Philippe HUREL	*Axel* VERVOORDT
Charles JENCKS	*Barbara* WIRTH
Joseph ETTEDGUI	*Bill* WILLIS

PRINTED AND BOUND IN FRANCE
DIFFUSION MONDIALE / WORLWIDE DISTRIBUTION: MP BOOKLINE INTERNATIONAL, PARIS, FRANCE
DISTRIBUTED IN THE USA BY D.A.P., NEW YORK CITY
DISTRIBUTED IN GERMANY BY STEIDL VERLAG, GÖTTINGEN

IMPRIMÉ PAR AUBIN - B.P. 02 - 86240 - LIGUGÉ

ISBN: 2-906539-09-0